인포그래픽 한국경제 100

인포그래픽 한국경제 100

초판 1쇄 인쇄 | 2014년 8월 14일
초판 1쇄 발행 | 2014년 8월 20일

지 은 이 | 황인학
발 행 인 | 김영희

기획·마케팅 | 신현숙, 권두리
편집 | 박지혜
디자인 | 이보림, 문강건

발 행 처 | (주)에프케이아이미디어(프리이코노미북스)
등록번호 | 13-860
주　　소 | 150-881 서울특별시 영등포구 여의대로 24 FKI타워 44층
전　　화 | (출판콘텐츠팀) 02-3771-0434 / (영업팀) 02-3771-0245
팩　　스 | 02-3771-0138
홈페이지 | www.fkimedia.co.kr
E - mail | jipark@fkimedia.co.kr
I S B N | 978-89-6374-081-2　03320
정　　가 | 15,000원

낙장 및 파본 도서는 바꿔 드립니다.
이 책 내용의 전부 또는 일부를 재사용하려면 반드시 FKI미디어의 동의를 받아야 합니다.
내일을 지키는 책 FKI미디어는 독자 여러분의 원고를 기다립니다. 책으로 엮기 원하는 아이디어가 있는
분은 hsshin@fkimedia.co.kr로 간략한 개요와 취지를 연락처와 같이 보내주십시오.

이 도서의 국립중앙도서관 출판예정도서목록(CIP)은 서지정보유통지원시스템 홈페이지(http://seoji.nl.go.kr)와
국가자료공동목록시스템(http://www.nl.go.kr/kolisnet)에서 이용하실 수 있습니다.(CIP제어번호: CIP2014022723)

반세기 한국경제 흐름을 한눈에

인포그래픽 한국경제

황인학 지음

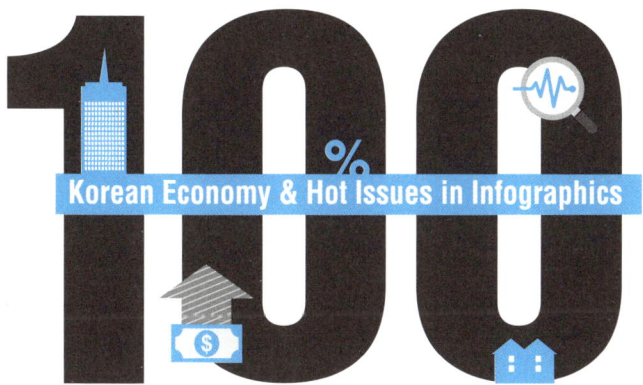

Korean Economy & Hot Issues in Infographics

프리이코노미북스

저자의 말

누군가를 설득하기 위해서는 백 마디 말보다 한 개의 통계가 더 효과적인 경우가 많다. 필자가 수많은 토론과 강연을 다니면서 줄곧 느꼈던 것은 '통계는 그것이 옳든 그르든 힘이 세다'는 사실이다. 우리 속담에 백 번 듣는 것이 한 번 보는 것만 못하다는 뜻의 '백문이 불여일견百聞不如一見'이라는 말이 있다. 그러나 백 번 설명보다 하나의 숫자가 더 큰 영향력을 발휘한다는 의미에서 '백론이 불여일수百論不如一數'라는 속담을 새로 하나 지어도 좋을 듯하다. 어떤 통계든 한 번 귀담아 들으면 우리의 뇌리에 계속 남아 숫자가 적시하는 대로 상황을 판단하고 의사결정을 내리도록 영향을 미치기 때문이다.

이처럼 통계가 개인은 물론 사회 전체에 미치는 영향력은 대단하다. 개인과 사회에 미치는 통계의 영향력이 크다 보니 지금은 어느 분야의 누구라 할 것 없이 여러 가지 목적으로 통계를 적극 활용하는 추세이다. 통계는 더 이상 엄정한 논문을 써야 하는 학계의 전유물이 아닌 것이다. 통계는 정부와 기업, 언론·방송,

정치인, 이익단체 등에서 자신들의 입장을 알리기 위한 수단으로 널리 활용되면서, 우리의 일상 속에서 크고 작은 영향을 미치고 있다. 그러나 문제는 이 모든 통계를 곧이곧대로 믿을 수만은 없다는 것이다.

'숫자는 거짓말을 하지 않는다. 해석의 문제다'라는 말이 있다. 통계는 그것을 만드는 기관 또는 사람의 의도와 측정방식에 따라서 전혀 다른 의미로 둔갑할 수도 있다는 뜻이다. 통계에 내재해 있는 이러한 문제에 주의를 기울이지 않으면 의사결정 과정에서 오류를 범할 위험성이 늘 존재한다.

예를 들어 국내총생산GDP에서 차지하는 30대 기업집단의 매출총계 비중을 가지고 경제력집중을 판단하는 경우가 여기에 해당한다. 이렇게 매출총계/GDP로 계산하면, 경제력집중도는 2001~2011년 기간 중 57.3%에서 97.5%로 급증한 것으로 나타난다. 그러나 GDP는 국내에서 생산된 부가가치의 총합이기 때문에 거래 단계별 생산비용을 중복 계상하는 매출총계와 비교하는 것은 방법론상 옳지 않다. 특성과 조건이 서로 다른 두 변수를 비교하는 것은 통계를 작성하는 기본원칙에서 어긋난 것이다. 그렇다면 변수의 성격이 같도록 비교 기준치를 GDP가 아니라 우리나라 모든 기업의 매출총계로 잡아서 계산하면 어떨까. 이 경우 경제력집중도는 지난 10년 동안 35.7%에서 39.0%로 약간 증가한 것으로 나타난다. 어느 통계가 경제력집중을 보여주는 척도로 더 적절할까? 이론적으로는 후자가 더 적절하다. 그러나 방송과 언론 등에서는 이해하기 쉽기 때문인지, 아니면 경제력집중 문제를 부각할 의도 때문인지 여전히 GDP 기준 통계를 반복해서 사용하고 있다.

비교 기준이 같아도 측정 방법의 차이 때문에 통계를 신뢰하기 어려운 경우도 있다. 우리나라의 영아사망률은 1,000명당 약 3명으로 미국의 6.1명에 비해 절반도 안 된다. 소득수준이 우리보다 두 배나 높고 의료기술이 앞서 있는 미국보다 한국의 영아사망률이 월등하게 낮은 현상을 어떻게 이해해야 하나? 한국과 미국의 수치가 이처럼 다른 까닭은 영아사망을 측정하는 방식이 다르기 때문이다. 미국에서는 사산이나 출생 신고 이전에 사망한 영아까지 포함해서 영아사망률을 계산한다. 그에 반해 우리나라에서는 출생신고를 기초로 해서 통계를 산출하기 때문에 사산, 출생 신고 이전에 사망한 영아는 통계에 들어가지 않는다. 국제 기준에 비추어 볼 때, 우리나라의 영아사망률은 과소 추계되고 있다고 의심할 만한 대목이다.

이와는 반대로 '99-88' 통계는 중소기업의 비중을 과대 추계하는 오류 가능성이 있다. 여기서 99-88은 우리나라 기업 중 99%가 중소기업이고, 전체 근로자의 88%가 중소기업에 다닌다는 의미이다. 우리나라는 중소기업의 비중이 높고, 중견·대기업의 비중이 낮은 게 사실이다. 그러나 99-88이 우리나라의 정확한 기업 규모 분포인지는 다소 의문의 여지가 있다. 한 기업이 전국에 사업장을 여러 개 운영하는 경우가 있는데, 이 통계는 기업이 아니라 사업장 기준으로 계산했기 때문이다. 기업의 수보다는 사업장의 수가 훨씬 많기 때문에 99-88은 중소기업 비중을 과대 추계

하는 문제가 있다. 또한 이 통계를 가지고 다른 나라의 기업 분포와 비교하는 경우가 많은데 여기에도 오류의 함정이 있다. 서비스업은 제조업과 대·중소기업의 판단 기준이 다르다. 이 때문에 OECD는 제조업만 따로 떼어 회원국의 기업규모 분포를 비교하는데, 우리나라의 99-88은 서비스업을 포함시켜 계산한 것이다. 엄밀하게 말하면, 99-88은 국제적으로 비교하기에는 적합하지 않다는 의미이다.

이 밖에도 통계의 신뢰성에 대한 문제, 통계의 품질이 낮아서 생기는 문제점을 이야기하자면 끝이 없을 것이다. 이 책은 바로 이러한 문제인식에서 출발하고 있다. 하나의 사안을 두고 전혀 다른 의미를 갖는 통계가 대립하고, 통계의 품질을 간과한 맹신적 해석이 적지 않다. 이러한 통계들이 많은 사람들에게 혼란을 주고 있으니 제대로 된 통계를 모아서 알기 쉽게 편찬하자는 것이 출판사 FKI미디어의 아이디어였다. 특히 기업과 관련하여 오해를 불러일으키는 통계가 많이 쓰이고 있어 문제이니, 기업을 객관적으로 이해하는 데 도움이 되는 통계를 한데 모아 인포그래픽 형식으로 편찬했으면 한다는 것이었다.

일은 그렇게 시작되었다. 처음에는 회사 일도 번잡하고 개인적으로 글 빚 부담도 많아 망설였지만 취지와 필요성에 공감하여 이 일을 맡게 되었다. 그렇다면 이왕에 하는 김에 기업에 관한 통계뿐만 아니라 한국경제 전반의 현안을 이해하는 데 도움이 되는 통계도 함께 정리하자는 것에 생각이 미쳤다. 한국경제가 어떻게 발전하여 왔고, 지금은 어떤 상황에 있으며, 앞으로 경제가

한 단계 더 발전하려면 무엇을 고치고 보완해야 하는지에 대한 통계를 모아 정리해두면 경제 전문가뿐만 아니라 일반 독자들에게도 큰 도움이 될 성싶었다.

이 책을 2개의 파트로 구성·편찬한 것은 이런 이유 때문이었다. 1부 '한국경제의 성장과 과제'에서는 '무無에서 유有를 창조하다', '국민 생활의 변화', '기로에 선 한국경제', '한국경제, 재도약을 위한 과제'로 총 4개의 장으로 나누어 66종의 통계를 수록하였다. 그리고 2부 '기업에 대한 오해와 진실'에서는 '투자와 성장, 일자리', '경제력 집중', '기업의 사회적 책임과 반기업 정서'로 총 3개의 장으로 나누어 34종의 통계를 수록하였다. 참고로 금년 3월, 한국은행은 새로운 국민계정 기준을 적용하여 국민소득 통계를 변경하였다. 새 기준을 따르면 우리나라 국민소득은 기존에 발표한 수치보다 훨씬 더 높아진다. 그러나 여기에서는 다른 나라와 비교한 통계가 많기 때문에 이전 기준의 국민계정 통계를 사용했음을 미리 밝힌다.

우리 주변에 떠도는 갖가지 종류의 수많은 통계에 비하면 여기에 수록한 100가지는 많다고 할 수 없을 것이다. 게다가 문장이 아니라 통계만 가지고 이야기를 이어가는 형태의 책은 처음 해보는 일이라 시행착오가 많았다. 주제별로 맞는 통계를 찾아 시계열 흐름을 일관되게 정리하고 국제비교표까지 만드는 일도 쉽지 않았다. 그러다 보니 애써 만들었지만 여기에 수록하지 못한 통계가 더 많았다. 많은 분들의 수고스러운 도움이 없었으면 이 일을 끝내지 못했을 것이다. 이 책을 출판함에 앞서 기획에서 편집, 교정에 이르기까지 도움을 주신 많은 분들에게 감사의 뜻을 전한다.

 기초 통계를 찾아 정리하고, 동일한 기준으로 비교표를 만드는 일은 이용대, 현민성 군이 도왔다. 한 사람은 의사의 길로, 또 한 사람은 대기업의 새내기로 각자의 꿈을 찾아 떠났지만 고마운 마음을 전한다. 예기치 않은 실수를 예방하고, 더 나은 방안을 궁리하는 데 한국경제연구원 동료의 자문과 조언만 한 게 없었다. 특히 김창배 박사를 비롯하여 바쁜 중에도 인포그래픽 초안을 검토하는 세미나에 참석하여 함께 고민하며 좋은 의견을 주신 거시정책 연구진에게 감사드린다. 100가지 통계를 두 번, 세 번 거듭 확인하면서 수정·보완하고 가다듬는 일을 같이 한 김민경 RA에게도 고마운 인사를 보낸다. 또한 FKI미디어 담당 편집자와 디자이너의 헌신적 노고가 없었으면 이 책의 완성도를 높이기 어려웠을 것이다. 이처럼 많은 분들의 도움을 받아 여기까지 왔지만 여전히 미흡한 점이 있지 않을까 저어된다.

2014. 8

황 인 학

목 차

저자의 말 004

1부 한국경제의 성장과 과제

1장
무無에서 유有를 창조하다

1 경제화와 민주화를 함께 이룩한 나라
- 001 국가 GDP, 반세기 만에 478배 성장 — 023
- 002 1인당 GDP, 반세기 만에 247배 성장 — 024
- 003 오일쇼크와 IMF 외환위기를 겪으며 경제성장 — 025
- 004 경제성장과 함께 꾸준히 증가하는 일자리 — 028
- 005 1차에서 3차로 고도화되는 산업구조 — 029
- 006 OECD 국가 중 3번째로 높은 서비스업 취업자 비중 — 030

2 한국경제의 오늘을 보다
- 007 세계에서 7번째로 20–50 국가 진입 — 032
- 008 1인당 GDP, 곧 3만 달러에 이를 전망 — 033
- 009 끝없는 해외시장 개척, 수출강국으로 성장 — 036
- 010 무역 규모, 1조 달러 시대를 열다 — 037
- 011 산업발전에 따른 수출품목의 변화 과정 — 038
- 012 점차 세계로 나아가는 한국 제품 — 039
- 013 세계 수출 1, 2위 품목 수, 185개 — 040
- 014 세계 500대 기업 속 한국 기업의 수는 14개 — 042

2장 국민 생활의 변화

1 기대수명의 증가

- 015 기대수명, 52.4세에서 80.6세로 ... 045
- 016 기대수명, OECD 평균(79.7세)보다 높다 ... 046
- 017 영아사망자, 1,000명 중 45명에서 3명으로 ... 047
- 018 영아사망자, 일본에 이어 두 번째로 낮다 ... 048

2 신체조건의 향상

- 019 청소년 체격, 월등하게 좋아지다 ... 050
- 020 북한 사람보다 남자는 9cm, 여자는 6cm 더 크다 ... 051

3 의식주 환경 등 생활편의 개선

- 021 편의제품 사용으로 에너지 사용량 증가 ... 053
- 022 에너지 소비량, 30년간 2.7배 증가 ... 054
- 023 주택보급률, 100%를 넘어서다 ... 055
- 024 자동차, 불과 40여 년 만에 90배 증가 ... 056
- 025 디지털 선진국의 모습을 보이다 ... 057
- 026 인터넷 가입률, 세계 평균을 훌쩍 뛰어넘다 ... 058

4 보건의료·교육 환경의 질적 변화

027	의사 수, 90년대 이후 대폭 증가	060
028	20–50 국가와 비교해 의사의 비중은 계속 늘어날 전망	061
029	국민의료비의 GDP 비중 30년 사이 2배 증가	062
030	GDP 대비 의료비 지출 비중은 20–50 국가 중 아직은 낮은 수준	063
031	청년층 고학력자, 10년 사이 급증	064
032	청년층 고학력자 비율, 세계 최고 수준	065

3장
기로에 선 한국경제

1 성장잠재력, 경제성장률의 지속적 하락

033	세계 평균을 밑도는 최근 경제성장률	069
034	잠재성장률, 급속한 저하 우려	070

2 저출산, 고령화에 따른 생산가능인구의 감소

035	인구증가율, 빠르게 감소할 전망	072
036	합계출산율, 20–50 국가 중 최하위	073
037	65세 이상 고령인구의 비중은 급증	074
038	생산가능인구, 2017년을 기점으로 감소할 듯	075

3 수출과 내수의 부조화와 제조업과 서비스업의 불균형

039	수출의 비중이 내수의 비중보다 높다	077
040	무역의존도, OECD 평균의 2배	078
041	내수 활성화 없이 지속성장 어렵다	079
042	서비스업의 노동생산성을 높여야	080
043	서비스업 생산성, 미국의 절반에 불과	081
044	서비스업 부가가치, OECD 평균의 80%에도 못 미치다	082
045	들어오는 투자가 줄어들고 있다	083

4 소득분배와 사회갈등비용

046	소득분배, OECD 평균 수준	085
047	상·하위 소득격차, OECD 평균 상회	086
048	소득분배 불균등도, 세계 금융위기 때 정점	087
049	삶에 대한 개인의 만족도 낮다	088
050	사회갈등 수준, OECD 27개국 중 2위	089

4장 한국경제, 재도약을 위한 과제

1 기업가정신의 고양

051	기업가정신이 경제발전의 원동력이다	093
052	세계 속 한국의 기업가정신, 중하위권	094
053	기업가정신, 20-50 국가 중 최하위 수준	095

2 제도경쟁력의 제고

- 054 경제 재도약, 제도경쟁력 향상이 관건 — 097
- 055 제도경쟁력이 낮아 기업가정신지수도 약화 — 098
- 056 한국의 노동시장 효율성, 세계 78위 — 101
- 057 규제개혁 주창해도 규제총량은 계속 증가한다 — 103
- 058 의원입법 범람, 개선이 필요하다 — 104

3 대·중소기업 동반성장 및 기업 생태계 개선

- 059 중소기업 비중, 선진국 대비 너무 높다 — 106
- 060 중소기업은 과밀, 대기업은 감소 중 — 107
- 061 중소기업에서 중견기업으로, 중견기업에서 대기업으로 성장사례 드물다 — 108
- 062 선진국일수록 대기업 수와 비중 높다 — 109

4 법치주의 확립 및 부패 척결

- 063 한국의 법치주의 수준, OECD 국가 중 하위권 — 111
- 064 법치주의, OECD 34개국 중 26위 — 112
- 065 정부에 대한 신뢰도는 23%에 불과 — 113
- 066 부패인식지수, OECD 34개국 중 27위 — 114

2부 기업에 대한 오해와 진실

1장 투자와 성장, 일자리

1 일자리 창출, 경제성장이 해법

- 067 '고용 없는 성장'은 지나친 과장 … 119
- 068 고용탄력성, 2000년대 후반 들어 반등 … 120
- 069 경제성장은 일자리 창출의 가장 효과적인 방법 … 121
- 070 경제성장은 소득분배 개선에 기여 … 122

2 기업의 투자가 경제성장을 이끈다

- 071 투자율과 성장률은 높은 정비례 관계 … 124
- 072 국내 투자율은 장기적으로 하락 추세 … 125
- 073 총투자율은 여전히 OECD 중 최고 … 126
- 074 기업의 총고정자본형성 기여도 지속적 상승 … 127
- 075 기업의 투자활동은 OECD 국가 중 최고 수준 … 128
- 076 사내유보금의 80% 이상은 이미 투자되어 있는 상태 … 129

3 미래 먹거리를 위한 연구개발 투자

- 077 GDP 대비 R&D 투자, 세계 2위로 부상 … 131
- 078 선진국에 비해 기업 R&D 투자 비중이 높다 … 132
- 079 서비스업의 R&D 투자는 미흡 … 133
- 080 OECD 국가 중 서비스업 R&D 투자 비중 낮은 편 … 134
- 081 대기업이 중소기업보다 R&D 투자 많이 해 … 135

2장

경제력집중

1 오해 소지 많은 경제력집중 지표

082 계열사 수, 경제력집중의 척도로 부적합   139

083 GDP 대비 매출총액 비중은 경제력집중 척도가 아니다   140

084 GDP 대비 자산총액 비중도 경제력집중 척도가 아니다   142

085 한국의 대기업, 세계 기준으로 봤을 때 규모는 작은 편   144

086 경제 재도약을 위해서는 글로벌 기업이 필요하다   145

2 대·중소기업 간 양극화 논리의 실상

087 대·중소기업 간 영업이익률 격차가 계속 확대되는가?   147

088 제조업부문, 대·중소기업 간 영업이익률 변화 추이   148

089 이익률 격차보다 일자리의 질과 생산성 격차가 더 문제   150

090 자동차기업의 낙수효과 사례   151

091 중소기업 지원·보호, 가짓수 많아도 효과가 문제   152

3장

기업의 사회적 책임과 반기업 정서

1 일자리 창출과 납세, 그리고 사회공헌

092	30대 기업집단의 일자리 창출	155
093	국세 통계에서 차지하는 법인세	156
094	법인세 비중은 OECD 평균 크게 상회	158
095	조세부담률 및 국민부담률은 OECD 평균 하회	159
096	우리나라 기업의 높은 사회공헌활동 지출	160

2 반기업 정서, 어떻게 볼 것인가

097	유난히 높은 한국의 반기업 정서	165
098	기업에 대한 사회적 신뢰도 역시 낮은 편	166
099	반기업 정서의 원인은?	167
100	바람직한 기업상에 대한 국민인식	168

인포그래픽 찾아보기   170
참고문헌   174

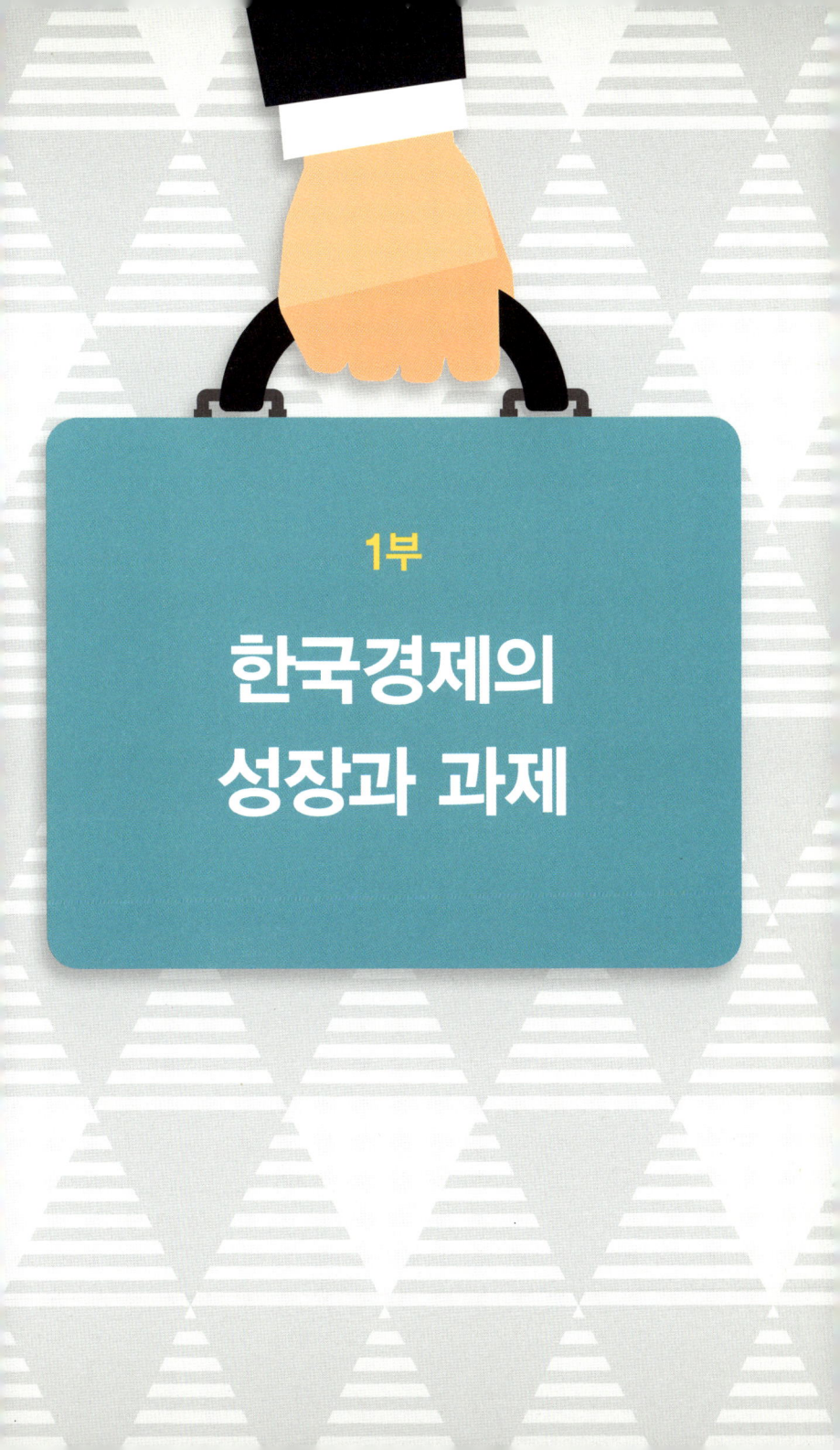

1부
한국경제의 성장과 과제

무無에서 유有를 창조하다

1

경제화와 민주화를 함께 이룩한 나라

우리 나라는 20세기 세계사에서 산업화와 민주화를 동시에 이룩한 유일한 나라다. 자원, 자본, 기술, 무엇 하나 변변한 게 없어 사실상 맨손으로 눈부신 경제발전의 기적을 실현한 셈이다.

1950년대 6·25전쟁으로 폐허가 된 한국을 보고 맥아더^{Douglas McArthur} 장군은 "한국이 전쟁 피해를 복구하는 데만 최소 100년은 걸릴 것"이라 했고, 영국의 어떤 종군기자는 "한국에서 민주주의를 기대하느니 쓰레기통에서 장미꽃이 피기를 바라는 게 낫다"며 한국의 미래를 비관적으로 전망했다.

그 후 우리나라는 반세기 만에 GDP 규모 세계 10위권에 든 경제강국이 되었다. 1970년대 두 차례의 오일쇼크, 1980년대의 정치 불안정 시기, 1990년대의 외환위기와 같이 안팎으로 시련도 많았지만 이를 극복하고 오늘날의 경제를 이루었다.

001 | 국가 GDP, 반세기 만에 478배 성장

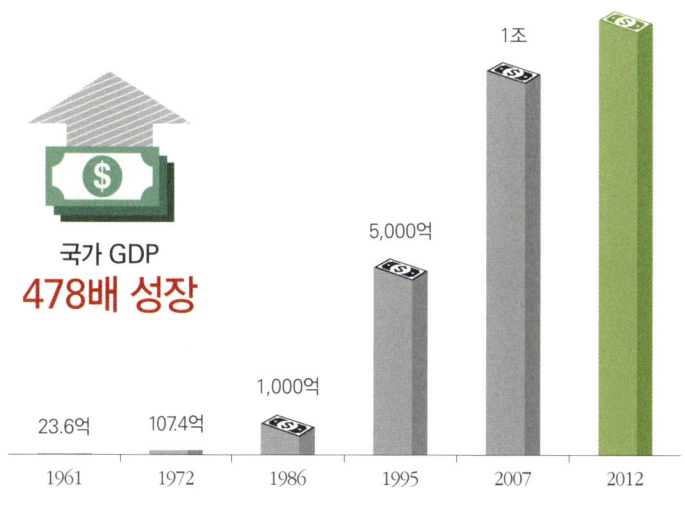

☑ 대한민국 GDP 성장 추이
(단위: 달러)

- 1961: 23.6억
- 1972: 107.4억
- 1986: 1,000억
- 1995: 5,000억
- 2007: 1조
- 2012: 1조 1,296억

국가 GDP **478배 성장**

자료: 세계은행

1950년대는 해외 원조에 의존하는 경제였다. 1955년에 체결한 한·미 잉여농산물 협정이 대표적인 흔적이다. 1962년 제1차 경제개발 5개년 계획 이후 경제개발에 본격 착수했으나 보릿고개 넘기가 태산보다 힘든 시기는 1960년대 후반까지 계속되었다.

1970년대, 근면·자주·협동을 기본정신으로 하는 새마을운동과 중화학공업 육성정책을 바탕으로 우리나라는 신흥공업국 대열에 합류하게 되었다. 1980년대 경제성장률 연평균 9.6%로 세계가 놀랄 만큼 고속성장을 하며, '한강의 기적'을 이루어 갔다.

※ 2014년 3월, 한국은행은 유엔(UN)에서 정한 2008 SNA(System of National Accounts)를 채택하고, 국민계정 작성기준을 변경했다. 새 기준을 따르면, 2012년도 국가 GDP는 1조 2,223억 달러이며, 1961년 대비 520배 증가했다. 보다 나은 국제비교를 위해 이 책에서는 변경 이전 기준 통계를 사용했다.

002 | 1인당 GDP, 반세기 만에 247배 성장

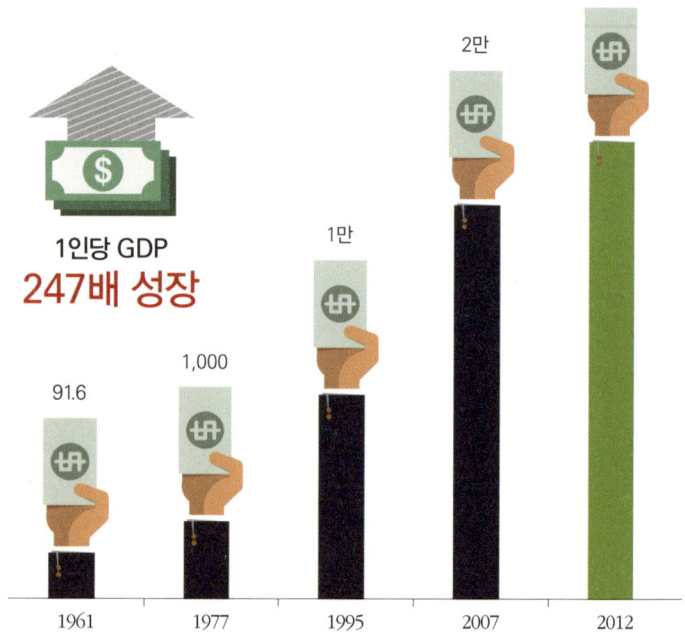

☑ 1인당 GDP 성장 추이

(단위: 달러)

1인당 GDP **247배 성장**

1961: 91.6
1977: 1,000
1995: 1만
2007: 2만
2012: 2만 2,590

자료: 세계은행

1961년, 우리나라 1인당 GDP는 약 91.6달러(경상가격)였다. 그때 필리핀의 1인당 GDP는 267달러였다. 그 당시 우리에게 필리핀은 선진국처럼 보였다. 그러나 1961년에서 2012년까지 약 50년 만에 우리나라 1인당 GDP는 247배 증가했다. 2012년 한국의 1인당 GDP는 22,590달러(경상가격)로 필리핀의 1인당 GDP(2,587 달러)에 비해 9배가량 높다.

※ 새로 바뀐 국민계정방식에 의하면 2012년도 1인당 GDP는 24,454달러이다.

003 오일쇼크와 IMF 외환위기를 겪으며 경제성장

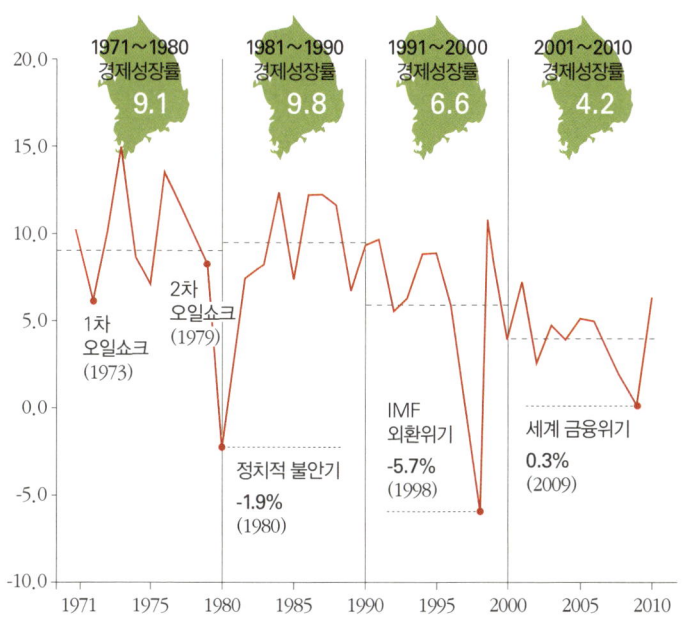

☑ 1970년대 이후 한국의 경제성장률 변화 추이

(단위: %)

- 1971~1980 경제성장률 9.1
- 1981~1990 경제성장률 9.8
- 1991~2000 경제성장률 6.6
- 2001~2010 경제성장률 4.2

1차 오일쇼크 (1973)
2차 오일쇼크 (1979)
정치적 불안기 -1.9% (1980)
IMF 외환위기 -5.7% (1998)
세계 금융위기 0.3% (2009)

자료: 한국은행

우리나라 경제는 위기를 겪으며 더욱 강해지는 면모를 보였다. 1970년대에는 두 차례의 오일쇼크(1973, 1979년)를, 1980년대에는 정치 불안정 시기를 겪으며 순탄치 않은 시기를 보냈다. 1990년대 말 IMF 외환위기에 시달렸으나 온 국민의 자발적인 '금모으기 운동'과 함께 혹독한 기업 구조조정을 통해 위기를 극복하였다. 2008~2009년에는 세계적인 투자은행인 '리먼 브라더스'의 파산과 함께 전대미문의 세계 금융위기를 겪기도 했다.

참고

1인당 GDP 성장의 발자취

연도	GDP 성장 (연: %)	1인당 GDP (단위: 달러)	1인당 GNI (2005년 기준: 달러)
1961	4.94	91.62	1520.23
1962	2.46	103.87	1508.39
1963	9.53	142.36	1613.64
1964	7.56	120.64	1690.45
1965	5.19	105.77	1715.31
1966	12.70	130.26	1860.25
1967	6.10	157.29	1914.98
1968	11.70	194.78	2093.02
1969	14.10	239.23	2326.13
1970	8.34	278.79	2567.15
1971	8.24	302.28	2698.89
1972	4.47	322.72	2751.58
1973	12.03	403.46	3015.22
1974	7.18	555.67	3172.96
1975	5.95	608.23	3266.97
1976	10.57	824.42	3564.80
1977	10.00	1041.59	3861.14
1978	9.30	1382.92	4172.75
1979	6.78	1746.73	4371.88
1980	-1.49	1674.39	4199.56
1981	6.16	1845.65	4356.44
1982	7.33	1938.11	4607.70
1983	10.77	2117.53	5047.61
1984	8.10	2306.86	5374.66
1985	6.80	2367.78	5668.83
1986	10.62	2702.64	6225.69

연도	GDP 성장 (연: %)	1인당 GDP (단위: 달러)	1인당 GNI (2005년 기준: 달러)
1987	11.10	3367.54	6912.81
1988	10.64	4465.67	7628.10
1989	6.74	5438.25	8106.82
1990	9.16	6153.09	8761.97
1991	9.39	7122.70	9488.20
1992	5.88	7555.27	9953.83
1993	6.13	8219.90	10465.49
1994	8.54	9525.44	11251.05
1995	9.17	11467.81	12096.17
1996	7.00	12249.17	12814.82
1997	4.65	11234.78	13263.52
1998	-6.85	7462.84	12112.53
1999	9.49	9554.44	13244.11
2000	8.49	11346.66	14352.45
2001	3.97	10654.94	14855.99
2002	7.15	12093.76	15877.82
2003	2.80	13451.23	16245.70
2004	4.62	15028.94	16968.20
2005	3.96	17550.85	17534.34
2006	5.18	19676.12	18398.13
2007	5.11	21590.11	19253.43
2008	2.30	19028.01	19656.97
2009	0.32	16958.65	19572.62
2010	6.32	20540.18	20649.93
2011	3.68	22388.40	21278.10
2012	2.04	22590.16	21674.73

자료: 세계은행

004 | 경제성장과 함께 꾸준히 증가하는 일자리

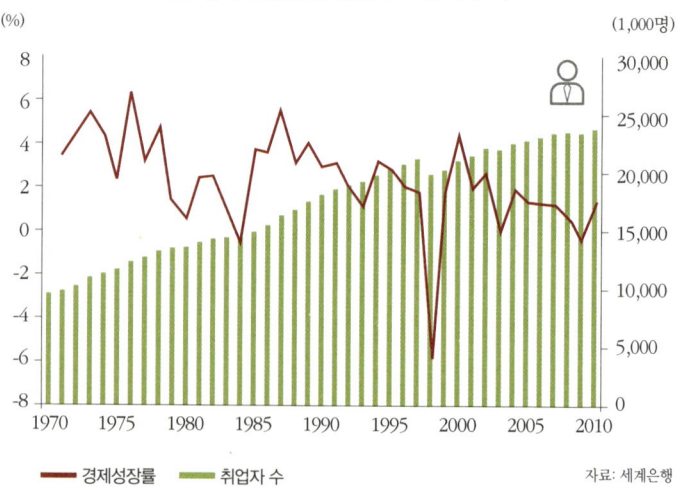

일자리는 경제발전 속도에 비례하여 증가한다. 우리나라 경제발전 초기 단계인 1970년에 취업자 수는 1,000만 명에도 미치지 못했다. 경제가 발전하면서 2012년 취업자 수는 2,468만 명에 이른다.

경제가 어려우면 일자리도 줄어든다. IMF 외환위기 때 취업자 수가 큰 폭으로 감소한 경험이 대표적 사례이다.

005 | 1차에서 3차로 고도화되는 산업구조

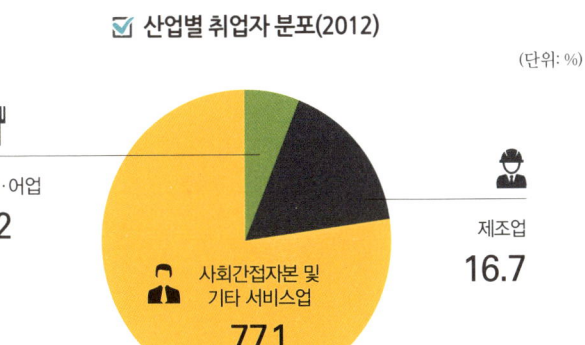

산업별 취업자 분포(2012)
(단위: %)

- 농림·어업 6.2
- 제조업 16.7
- 사회간접자본 및 기타 서비스업 77.1

산업별 취업자 분포 변화

(단위: 1,000명)

산업 \ 년도	1970	1980	1990	2004	2012
농림·어업	4,846 (50%)	4,654 (34%)	3,237 (18%)	1,824 (8%)	1,528 (6%)
제조업	1,377 (14%)	3,079 (23%)	4,990 (28%)	4,192 (19%)	4,120 (17%)
사회간접자본 및 기타 서비스업	3,395 (35%)	5,951 (43%)	9,858 (55%)	16,542 (73%)	19,033 (77%)
계	9,618 (100%)	13,684 (100%)	18,085 (100%)	22,558 (100%)	24,681 (100%)

자료: 통계청
※ 한국표준산업분류가 주기적으로 바뀜에 따라 시계열에 단층이 있을 수 있음.

우리나라 경제는 산업구조가 고도화되면서 성장했다. 1970년에는 취업자의 절반이 1차 산업인 농림·어업에 종사했고, 제조업 비중은 14%, 서비스업 비중은 35%에 불과했다. 1970~1980년대에 중화학공업이 발전하며, 1990년 제조업 비중은 28%로 상승했다. 2012년의 농어업 취업자 비중은 6%로 급감한 대신에 사회간접자본 및 기타 서비스업의 취업자 비중은 77%로 급증하였다.

006 | OECD 국가 중 3번째로 높은 서비스업 취업자 비중

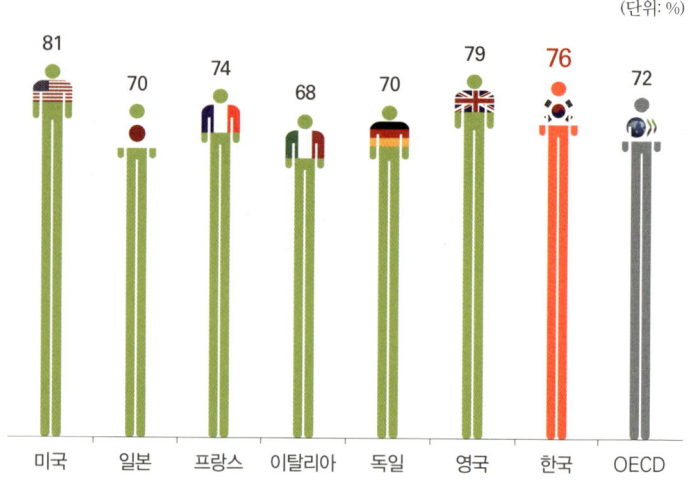

📋 국가별 서비스업 종사자 비중(2012)

(단위: %)

미국	일본	프랑스	이탈리아	독일	영국	한국	OECD
81	70	74	68	70	79	76	72

자료: 세계은행

2012년도 우리나라 서비스업 취업자 비중은 OECD 평균치를 상회하고, '20-50' 국가* 중에는 미국(81%), 영국(79%) 다음으로 높은 수준이다.

서비스업 취업자 비중은 높지만 소규모 자영업자 비중이 높고, 국내 제조업과 비교하거나 다른 나라의 서비스업에 비해 생산성이 낮은 것은 문제다. (80~82쪽 042~044 참조)

---

* 1인당 국민소득 2만 달러 이상, 인구 5,000만 명 이상인 국가를 지칭하는 말이다. 2012년에 〈조선일보〉에서 처음 사용한 신조어로, 선진국의 또 다른 이름으로 통칭된다. 1987년 일본을 시작으로 미국, 프랑스, 이탈리아, 독일, 영국이 20-50 국가가 되었고, 한국은 2012년에 인구 5,000만 명을 넘어서면서 7번째로 진입했다.

2
한국경제의 오늘을 보다

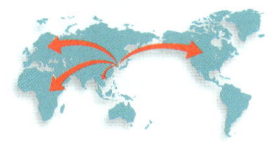

우리 나라 경제는 1950~1960년대만 해도 해외 원조에 의존할 수밖에 없는 상황이었다. 그러나 1996년에 선진국 클럽으로 알려진 OECD에 29번째 정회원국으로 가입하였고, 2009년에는 개발원조위원회DAC: Development Assistance Committee에 회원국으로 가입하면서 원조를 받던 나라에서 개발도상국을 돕는 지원국으로 탈바꿈하였다.

한국은 더 이상 동북아 변방의 작은 나라가 아니다. 국가 GDP 규모로는 세계 15위의 경제강국이다. 전 세계에 인구가 5,000만 명을 넘고 1인당 국민소득이 2만 달러를 넘는 나라가 7개인데, 한국이 그중 하나에 속한다. 또한 세계 어디를 가도 우리 기업의 로고와 상품을 만날 수 있을 만큼 수출 강국이 되었다.

007 | 세계에서 7번째로 20-50 국가 진입

☑ 세계 주요국의 20-50 국가 진입 연도와 현재의 모습

	일본	미국	프랑스	이탈리아	독일	영국	한국
진입 연도	1987	1988	1990	1990	1991	1996	**2012**
인구(명)	1억 2,752만	3억 1,391만	6,325만	6,072만	8,193만	6,371만	**5,000만**
1인당 GDP (달러)	46,959	49,112	39,874	33,016	41,364	38,587	**23,785**
국가 GDP (달러)	5조 9,372억	15조 6,983억	2조 6,107억	2조 128억	3조 3,914억	2조 4,324억	**1조 1,557억**
경제활동 참가율(%)	74.1	72.0	70.7	63.6	77.4	70.9	**65.7**
여성경제활동 참가율(%)	63.4	67.6	66.7	54.2	71.7	63.0	**55.2**
수출의존도 EX/GDP(%)	14.7	13.5	27.4	30.2	51.8	31.6	**56.5**
서비스 비중(%): 부가가치 기준	72.3	79.4	79.2	72.8	71.2	78.0	**58.2**

자료: 인구 - UNCTAD, 통계청 | GDP - UNCTAD | 경제활동참가율 - 세계은행

1996년 우리나라는 OECD에 29번째 정회원국으로 가입했다. 2009년 11월, OECD 개발원조위원회에 24번째 회원국으로 가입하면서 세계에서 유일하게 원조 수혜국에서 지원국으로 자리매김한 나라가 되었다. 2012년, 인구 5,000만 명이 넘으며 세계에서 7번째로 20-50 국가에 진입했다.

008 | 1인당 GDP, 곧 3만 달러에 이를 전망

☑ 20-50 국가들의 2만~4만 달러 변화 추이

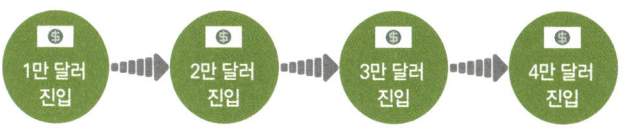

국가	연도	1인당 GDP (달러)	해당 기간	연도	1인당 GDP (달러)	해당 기간	연도	1인당 GDP (달러)	해당 기간	연도	1인당 GDP (달러)
미국	1978	10,011	10년	1988	20,198	9년	1997	30,136	8년	2005	42,068
일본	1983	10,275	4년	1987	20,535	5년	1992	31,278	3년	1995	42,847
프랑스	1979	11,044	11년	1990	21,414	14년	2004	32,983	3년	2007	40,657
이탈리아	1986	10,913	4년	1990	20,041	15년	2005	30,445			
독일				1991	21,675	15년	1995	30,791	12년	2007	40,281
영국	1986	10,039	8년	1996	20,894	7년	2003	31,016	3년	2006	40,366
한국	1995	11,892	11년	2006	20,136						

자료: UNCTAD

한국은 1인당 국민소득이 1만 달러에서 2만 달러가 되는 데 11년이 걸렸다. 2006년에 2만 달러대에 진입한 이후 최근 6년간 연평균 경제성장률이 2.9%로 저조하지만 1인당 국민소득은 곧 3만 달러에 이를 전망이다. 새로 바뀐 국민계정방식에 따르면 2013년도 1인당 GDP는 2만 6,000달러이며, 3만 달러 진입 시점이 앞당겨질 전망이다.

참고

세계 주요국의 GDP 성장률

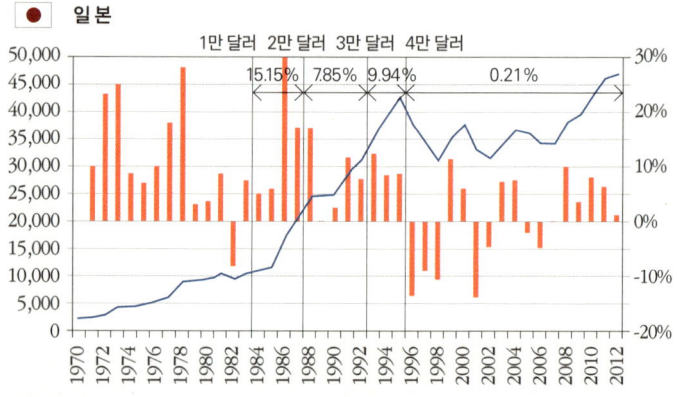

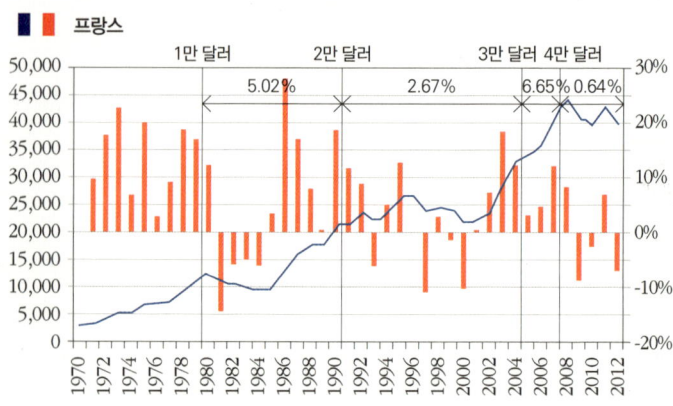

인포그래픽 한국경제 100

이탈리아

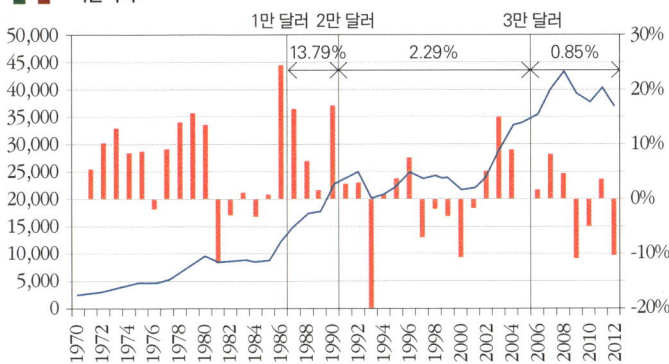

 독일

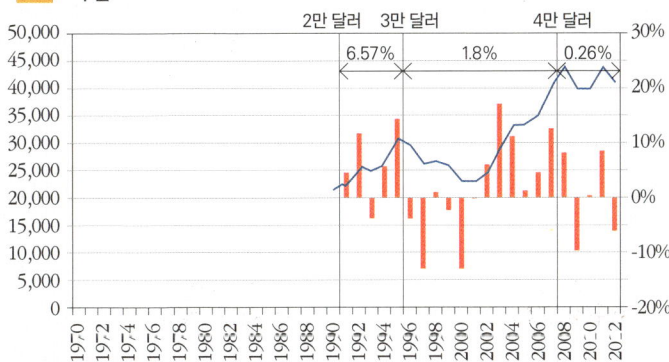

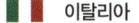 **영국**

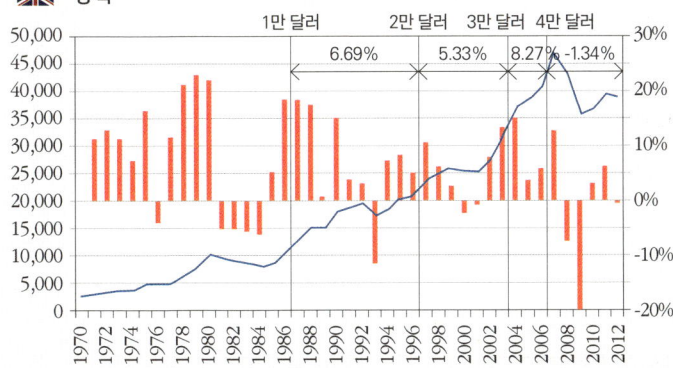

※ UNCTAD 통계 기준, 미국 달러 환산

009 | 끝없는 해외시장 개척, 수출강국으로 성장

☑ 우리나라 수출액의 변화

(단위: 달러)

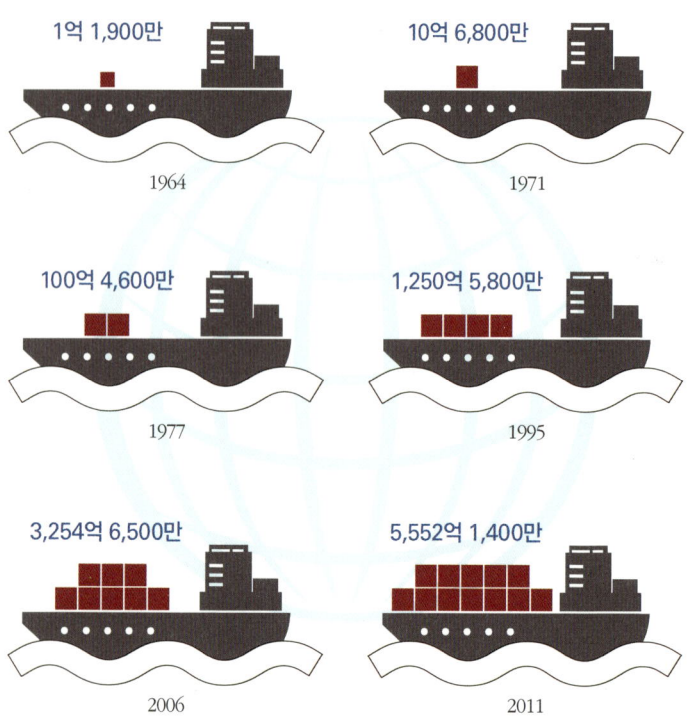

자료: 한국무역협회

1960년만 하더라도 우리나라의 수출액은 3,000만 달러대에 불과했다. 정부는 부존자원이 부족한 우리나라의 한계를 극복하고 외화를 획득하기 위해 수출지향전략 export-oriented strategy 을 펼쳤고, 기업은 해외시장 개척에 적극 나섰다. 그 결과, 한국은 제조업 기반 수출 확대에 힘입어 경제발전에 성공했다. 경제발전이 부진한 남미 국가들이 수입대체전략 import-substitution strategy 을 펼쳤던 것과 대조적이다.

010 | 무역 규모, 1조 달러 시대를 열다

수출과 수입을 모두 합한 무역금액은 1980년에 300억 달러였으나 1990년에 1,000억 달러, 2000년에는 3,000억 달러를 돌파했다. 2010년에는 8,000억 달러를 넘어섰고 2012년에 1조 달러를 돌파하며 한국은 무역 규모 세계 8위 국가로 부상하였다.

011 | 산업발전에 따른 수출품목의 변화 과정

☑ 제조업 수출 7대 품목 변화

(단위: %)

1990 (79.8)
- 섬유, 가죽, 신발 25.5
- 운수 및 보관 7.9
- 철강제품 7.5
- 반도체 7.0
- 가전제품 6.9
- 도매 및 소매거래 6.5
- 디스플레이 전자제품 5.0

2000 (81.9)
- 반도체 13.4
- 섬유, 가죽, 신발 10.2
- 석유화학 10.1
- 운수 및 보관 9.3
- 자동차 7.2
- 디스플레이 전자제품 6.2
- 철강제품 5.6

2010 (85.6)
- 석유화학 13.9
- 반도체 13.4
- 자동차 10.1
- 철강제품 8.6
- 디스플레이 전자제품 7.7
- 조선 7.5
- 일반기계 6.1

자료: 한국무역협회

1990년만 해도 섬유, 가죽, 신발과 같은 경공업 제품이 주요 수출품목이었다. 그러나 산업구조가 고도화되면서 수출품목도 점차 중화학 제품, 그리고 첨단 제품으로 변모하였다. 전체 수출액 중에서 제조업이 차지하는 비중은 1990년에 79.8%, 2000년에 81.9%, 2012년에 85.6%로 꾸준히 늘어났다.

012 | 점차 세계로 나아가는 한국 제품

세계 수출시장 점유율 1위 품목 수

(단위: 개)

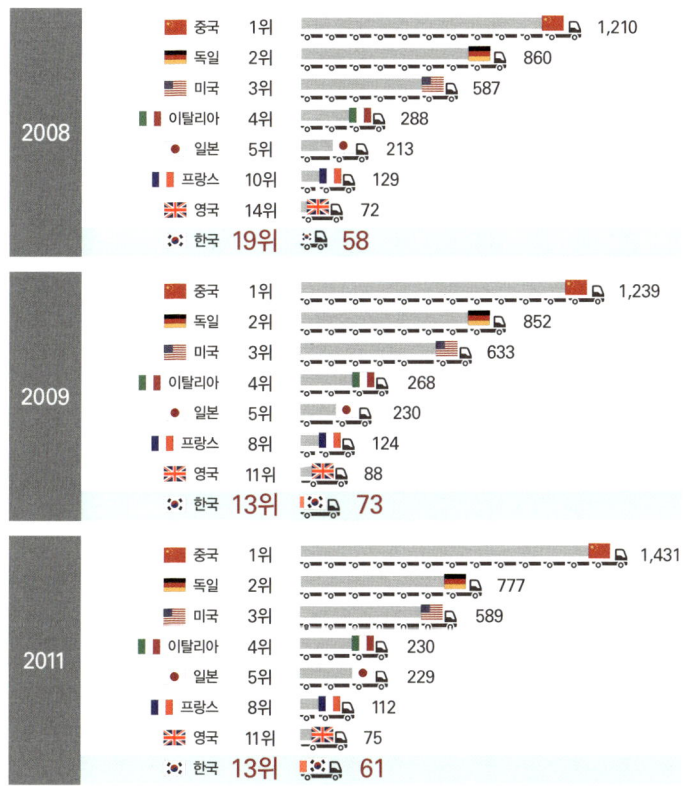

2008
- 중국 1위 — 1,210
- 독일 2위 — 860
- 미국 3위 — 587
- 이탈리아 4위 — 288
- 일본 5위 — 213
- 프랑스 10위 — 129
- 영국 14위 — 72
- 한국 19위 — 58

2009
- 중국 1위 — 1,239
- 독일 2위 — 852
- 미국 3위 — 633
- 이탈리아 4위 — 268
- 일본 5위 — 230
- 프랑스 8위 — 124
- 영국 11위 — 88
- 한국 13위 — 73

2011
- 중국 1위 — 1,431
- 독일 2위 — 777
- 미국 3위 — 589
- 이탈리아 4위 — 230
- 일본 5위 — 229
- 프랑스 8위 — 112
- 영국 11위 — 75
- 한국 13위 — 61

자료: 한국무역협회

세계 수출시장에서 점유율 1위 품목이 가장 많고, 계속 늘어나는 나라는 중국이다. 중국이 크게 선전하는 가운데, 우리나라의 세계 1위 품목 수는 2008년에 58개에서 2009년에는 73개로 늘어난 후 2011년에는 61개로 세계 13위를 유지하고 있다.

013 | 세계 수출 1, 2위 품목 수, 185개

☑ 세계 수출시장 점유율 1, 2위 품목 수

(단위: 개)

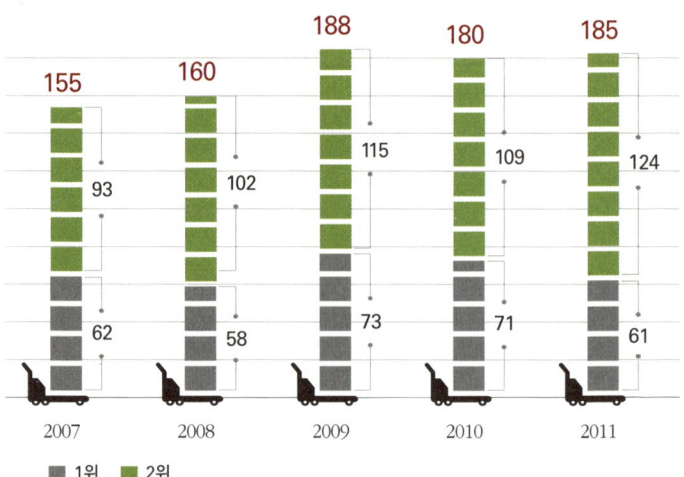

자료: 미래창조과학부

우리나라의 세계시장 점유율 2위 품목의 수도 2008년 102개에서 2012년 124개로 증가 추세다(미래창조과학부, 2014년도 정부 연구개발 투자방향 및 기준안). 세계 1위와 2위를 합한 품목 수는 2007년도 155개에서 2011년도 185개로 늘어났다. 세계시장 점유율이 높은 품목은 메모리 반도체 23.9(세계 1위), 조선 32.7(세계 1위), 제조로봇 15.4(세계 2위), 자동차 5.7(세계 5위) 등이다.

2008~2012년 우리나라 세계 수출시장 점유율 1위 유지 품목

(100만 달러, %)

HS코드	품목명	수출액	점유율
854232	메모리 반도체	16,612	23.9
870899	자동차 부품(기타)	13,950	14.9
890120	탱커	11,747	54.5
890590	특수선(조명선, 소방선, 기중기선 등)	6,642	49.8
291736	테레프탈산과 그 염	3,515	39.0
390330	아크릴로니트릴-부타디엔-스티렌 공중합체(ABS)	2,544	36.5
720917	철·비합금강 평편압연제품(두께 0.5mm 이상, 1mm 이하)	2,043	26.7
290220	벤젠	1,854	20.2
400219	스티렌-부타디엔 고무(기타)	1,594	21.0
840810	선박추진용 엔진	1,414	29.5
290230	톨루엔	1,331	40.7
850710	축전지(피스톤식 엔진 시동용)	1,156	15.6
845020	세탁기(1회 세탁능력 섬유제품 중량 10kg 이상)	1,140	41.7
850423	유입식 변압기(용량 10,000KVA 초과)	971	16.3
850790	축전지 부분품	870	29.7
845129	건조기(기타)	602	44.3
291732	오르토프탈산디옥틸	347	59.3
590220	강력사 타이어코오드 직물(폴리에스테르제)	343	32.7
400259	아크릴로니트릴-부타디엔고무(기타)	328	32.6
721069	철·비합금강 평편압연제품(기타)	289	43.5
291735	무수프탈산	266	32.7
390320	스티렌-아크릴로니트릴 공중합체(SAN)	242	30.3
540245	기타(나일론 또는 기타 폴리아미드)	185	15.5
700312	롤법 제조유리(전 부분 착색)	121	51.6
480990	카본지·셀프복사지(기타)	100	39.1
030344	눈다랑어(터너스오베서스)	82	42.0
540782	염색한 합성필라멘트사의 직물	55	17.5
283719	기타 시안화물 및 산화시안화물	28	36.4
810790	카드뮴 제품(기타)	10	68.2

자료: 한국무역협회

014 | 세계 500대 기업 속 한국 기업의 수는 14개

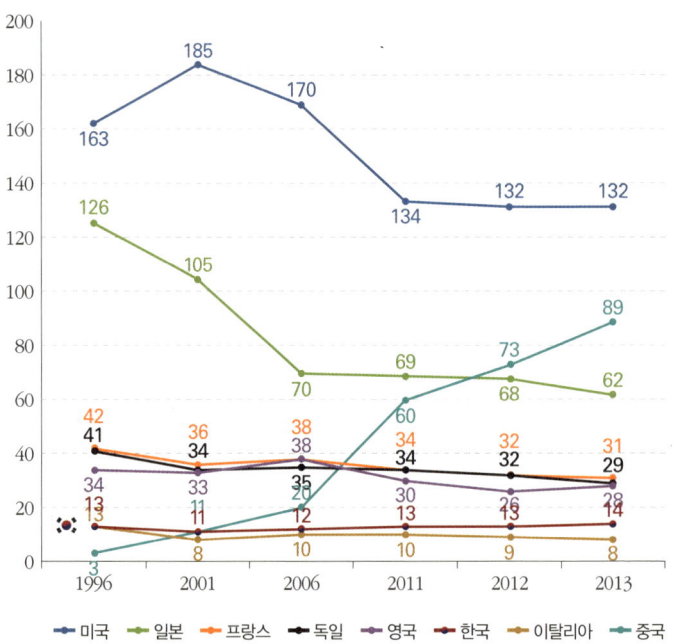

세계 500대 기업의 국가별 분포 변화 (단위: 개)

《포춘FORTUNE》이 선정한 세계 500대 기업의 국가 간 분포의 변화 추이를 보면, 세계경제 패권의 변화를 짐작해볼 수 있다. 중국이 1996년 3개에서 2013년에는 89개로 급증한 가운데 미국은 같은 기간에 19%(163 → 132) 감소했다. 일본은 51%(126 → 62), 독일은 29%(41 → 29) 감소하였으나, 한국은 13~14개로 비교적 선전 중이다.

2장

국민 생활의 변화

1
기대수명의 증가

경제가 발전하면 생활환경이 바뀌고 국민의 건강과 삶의 질이 개선된다. 한국은 급속한 경제발전에 힘입어 기대수명이 가장 빠르게 증가한 나라다. 불과 50년 만에 기대수명이 30년이나 늘어났다. 2011년 한국의 기대수명은 81.1세로 북한보다 12년이 더 길다. 경제적 환경 때문에 기대수명이 달라져 지금 한국에서 출생한 아이는 북한에서 출생한 아이보다 12년을 더 오래 살 수 있게 되었다.

국민건강의 수준을 나타내는 또 다른 척도는 영아사망률이다. 영아사망은 영양결핍이 주된 원인으로 가난한 나라일수록 높게 나타난다. 한국은 70년대만 하더라도 이 수치가 1,000명당 45명이었으나 이제는 3명으로 줄면서 사망률이 크게 개선되었다.

015 | 기대수명, 52.4세에서 80.6세로

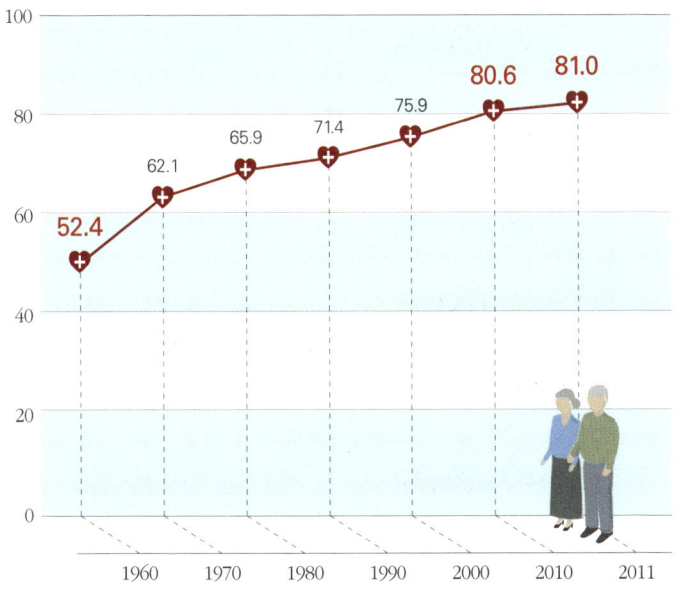

☑ 한국인의 기대수명 증가

(단위: 세)

자료: OECD

경제가 발전하면 소득이 증가하고 여가활동이 늘면서 국민의 건강 상태도 증진된다. 경제생리학Economics of Physiology에 따르면 경제발전은 기대수명을 증가시킨다는 연구 결과가 있다. 경제발전과 함께 우리나라 국민의 기대수명은 지난 반세기 만에 30년가량 늘어나 전 세계에서 가장 높은 증가세를 보였다. 2011년도 우리나라 기대수명은 남성이 77.7세, 여성이 84.5세이다.

016 | 기대수명, OECD 평균(79.7세)보다 높다

☑ 세계 주요국의 기대수명 변화

(단위: 세)

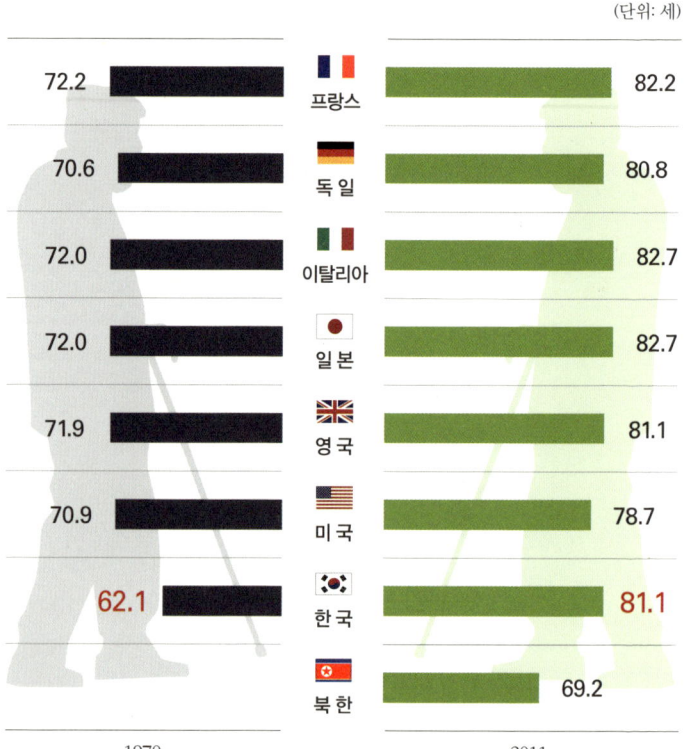

국가	1970	2011
프랑스	72.2	82.2
독일	70.6	80.8
이탈리아	72.0	82.7
일본	72.0	82.7
영국	71.9	81.1
미국	70.9	78.7
한국	62.1	81.1
북한	—	69.2

자료: OECD

우리나라 국민의 기대수명 81.1세는 OECD 국가의 평균인 79.7세보다 높고, 미국(78.7세)과 독일(80.8세)에 비해서도 높다. 북한의 기대수명은 69.2세로 남한에 비해 약 12년 정도 낮은 수준이다. 북한의 기대수명은 남성이 65.8세, 여성이 72.7세로 추정된다.

❖ 북한경제(2009년): 인구 2,330만, 국가 GDP 224억 달러, 1인당 GDP 960달러 (KDI, 2013~2017년 국가재정운용계획, 2013.6)

017 | 영아사망자, 1,000명 중 45명에서 3명으로

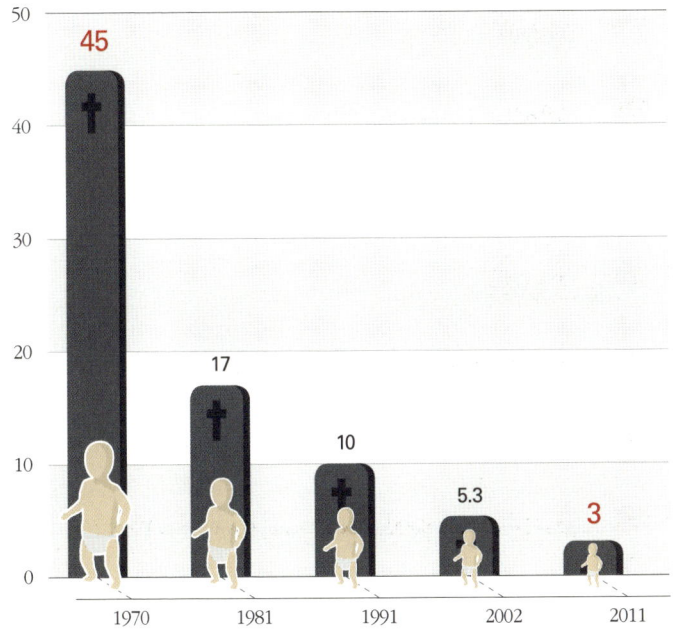

☑ 우리나라 출생아 1,000명당 영아사망자 수 변화

(단위: 명)

자료: OECD

영아의 생존은 모체의 건강 상태, 양육 조건에 크게 영향을 받기 때문에 영아사망률은 해당 국가의 생활 수준, 삶의 질을 나타내는 척도로 사용된다. 인구 1,000명당 영아사망자 수는 1974년도 45명에서 2011년도 3명으로 급감했다.

2장 국민 생활의 변화

018 | 영아사망자, 일본에 이어 두 번째로 낮다

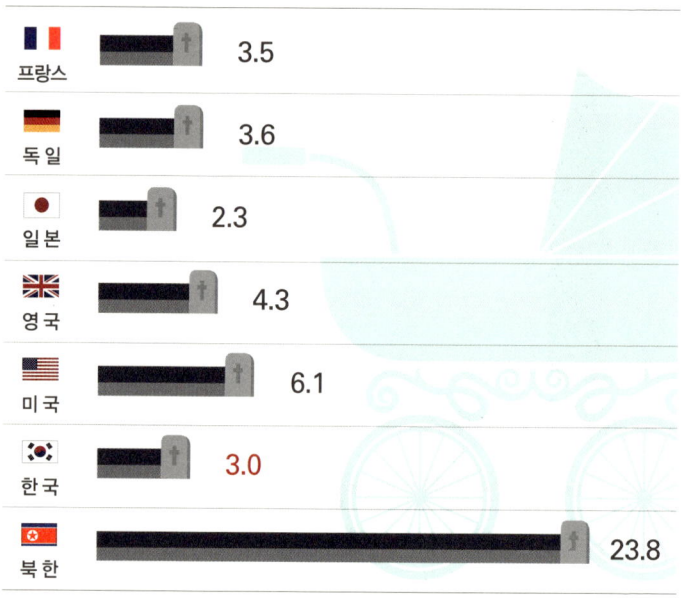

세계 주요국의 출생아 1,000명당 영아사망자 수(2011)

(단위: 명)

국가	영아사망자 수
프랑스	3.5
독일	3.6
일본	2.3
영국	4.3
미국	6.1
한국	3.0
북한	23.8

자료: OECD, 세계은행

우리나라 영아사망률은 OECD 평균(4.3명)보다 낮고, 20-50 국가 중에서도 일본의 2.3명에 이어 두 번째로 낮다. 그러나 영아사망률 추계 방식의 차이 때문에 우리나라 통계가 과소 추계되었을 가능성을 배제할 수 없다. 북한의 경우, 인구 1,000명당 영아사망률은 23.8명으로 한국의 1970년대 후반 수치에 해당한다.

2
신체조건의 향상

인간의 신체조건은 선천적 요인과 후천적 요인에 의해 결정된다. 영양섭취, 적절한 휴식과 운동이 뒷받침되면 신체조건도 향상된다. 노벨경제학상을 받은 시카고대학의 포겔Robert William Fogel 교수는 국민소득통계보다 신체조건지수가 그 나라의 경제력을 더 잘 나타낸다고 주장하기도 했다.

경제발전과 함께 우리나라 국민의 평균 키도 향상되었다. 17세 청소년 기준으로 지난 40년 동안 남성의 키는 평균 7.8cm, 여성은 평균 4cm 더 커졌다. 현재 기준으로는 20대 초반 남성의 키가 40대 중후반의 남성보다 6cm 더 크다. 그렇다면 여성의 경우는 어떨까? 경제적 환경의 차이가 남북한의 평균 키에는 어떤 영향을 미쳤을까?

019 | 청소년 체격, 월등하게 좋아지다

우리나라 17세 청소년의 키 변화

(단위: cm)

연도	남자	여자
1965	163.7	156.9
1970	165.9	156.9
1980	167.4	157.2
1990	170.1	158.6
2000	173.0	160.5
2010	173.7	160.9

자료: 통계청

경제발전에 따른 소득 증가는 균형 있는 식단과 적절한 운동을 가능하게 함으로써 국민의 체격을 변화시켰다. 17세 청소년을 기준으로 남성의 키는 1970년도 165.9cm에서 2010년에 173.7cm로, 같은 기간에 여성의 키는 156.9cm에서 160.9cm로 증가했다. 40대 중년과 20대 청년의 키를 비교하면, 남성은 약 6cm, 여성은 약 4cm 정도 청년의 키가 더 크다. 이에 따라 우리나라 국민의 평균 키는 앞으로 더 커질 전망이다.

020 북한 사람보다 남성은 9cm, 여성은 6cm 더 크다

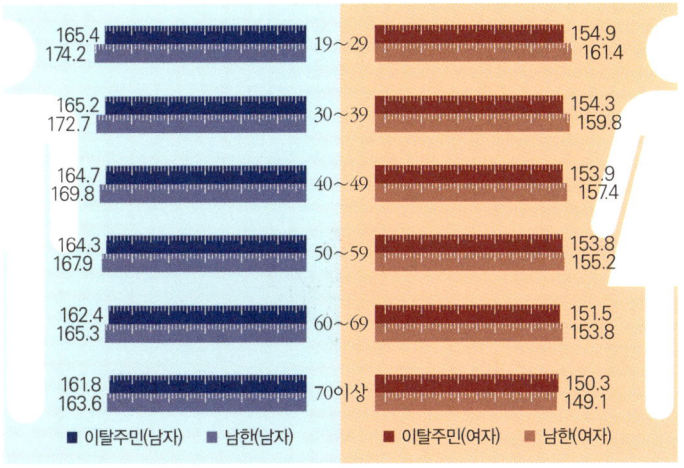

북한이탈주민 및 남한 국민의 키(2010)
(단위: cm)

연령	이탈주민(남자)	남한(남자)	이탈주민(여자)	남한(여자)
19~29	165.4	174.2	154.9	161.4
30~39	165.2	172.7	154.3	159.8
40~49	164.7	169.8	153.9	157.4
50~59	164.3	167.9	153.8	155.2
60~69	162.4	165.3	151.5	153.8
70이상	161.8	163.6	150.3	149.1

자료: 통계청

해방 이전 시기에는 북쪽 사람의 키가 남쪽 사람보다 1cm가량 더 컸다고 한다. 지난 60년 동안 남쪽과 북쪽에 경제체제와 경제발전의 궤적이 확연하게 차이가 있고 나서 지금은 우리나라 국민의 키가 북한 주민에 비해 남성은 약 9cm, 여성은 약 6cm 더 큰 것으로 추정된다. 또 다른 조사에 의하면, 한국의 청소년 신장은 일본과 함께 터키(176cm) 다음으로 큰 편이며, 북한 청소년의 신장은 필리핀, 인도네시아의 수준이다.

3
의식주 환경 등 생활편의 개선

　　경제가 발전하면서 의식주 환경이 개선되고, 생활편의 제품의 이용이 보편화되었다. 일반적으로 잘사는 나라일수록 에너지 소비량이 높은데 한국의 주거부문 1인당 에너지 소비량은 일본을 앞서는 수준이 되었다.

　　자동차 보급은 지난 40년 동안 90배 증가하여 인구 100명당 36.5대꼴로 보급되었고, 스마트폰 보급률도 세계 1, 2위를 다투고 있다. IT 강국답게 인터넷 가입률 또한 OECD 평균 수준을 훌쩍 넘고 있어 인터넷 접근도 용이하다. 이제는 우리 생활의 필수가 되어버린 인터넷은 교육과 같은 다른 사회적 인프라로 활용이 될 수 있기 때문에 그 의미가 크다.

021 | 편의제품 사용으로 에너지 사용량 증가

☑ 세계 주요국의 1인당 주거부문 에너지 및 전기 소비량(2012)

(단위: KWh)

국가	전기 소비량	에너지 소비량
프랑스	2,583	8,142
독일	1,733	8,822
이탈리아	1,151	6,036
일본	2,384	4,513
영국	1,935	8,454
미국	4,674	10,087
한국	1,241	4,675
OECD	2,455	6,940

■= 에너지 소비량   □= 전기 소비량

자료: IEA, OECD

소득 수준이 전반적으로 향상되자 온·냉방기, 냉장고, 세탁기와 같은 편의제품 사용이 확대되면서 가정에서 전기, 가스 및 석유 등 에너지 소비량이 크게 늘었다. 2012년 기준, 1인당 주거부문 에너지 소비량은 4,675KWh로서 OECD 평균치(6,940KWh)보다는 낮지만 일본(4,513KWh)보다는 약간 높은 수준이다. 1인당 주거부문 전기 소비량만 따로 보면, 20-50 국가 중 이탈리아보다 많이 쓰고 있다.

022 | 에너지 소비량, 30년간 2.7배 증가

☑ 한국의 가정·상업 부문 에너지 소비량 변화

(단위: Ktoe)

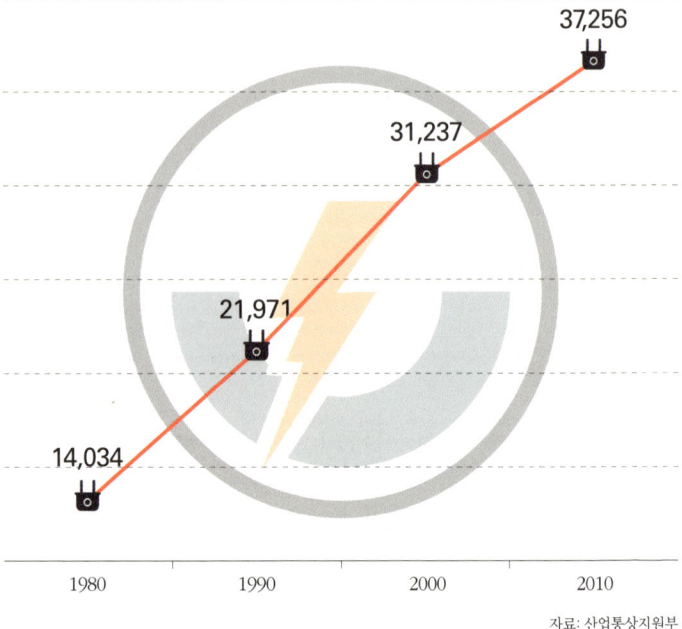

자료: 산업통상자원부

가정·상업 부문에서의 에너지 소비총량은 지난 30년 동안 14,034 Ktoe에서 37,256Ktoe로 약 2.7배 증가했다. 참고로 우리나라 전력 생산은 1971년에 10.5 TWh에서 1990년에는 105.4TWh, 2000년에는 288.5TWh, 2007년에는 437.4 TWh로 약 42배 증가하였다.

023 | 주택보급률, 100%를 넘어서다

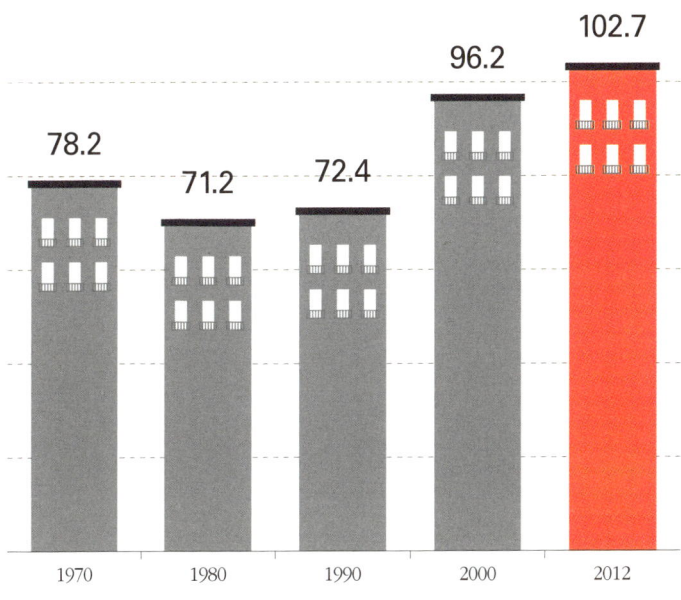

✅ 한국의 주택보급률 변화

(단위: %)

사료: 한국은행

우리나라 주택보급률은 1980년 71.2%였으나 2012년 현재 102.7%이다. 주택보급율이 100%를 넘는 까닭은 전국 단위로 조사했기 때문이다. 지역별로 보면, 농촌지역의 주택은 수요 대비 남아돌지만 도시 지역에서는 다소 부족한 상황이다. 주택보급율 통계는 주택 재고의 배분상태(자가보유율)와 거주상태(주거 수준)를 보여 주지 못하는 점에서 한계가 있다.

2장 국민 생활의 변화

024 | 자동차, 불과 40여 년 만에 90배 증가

☑ 우리나라 인구 100명당 자동차 수

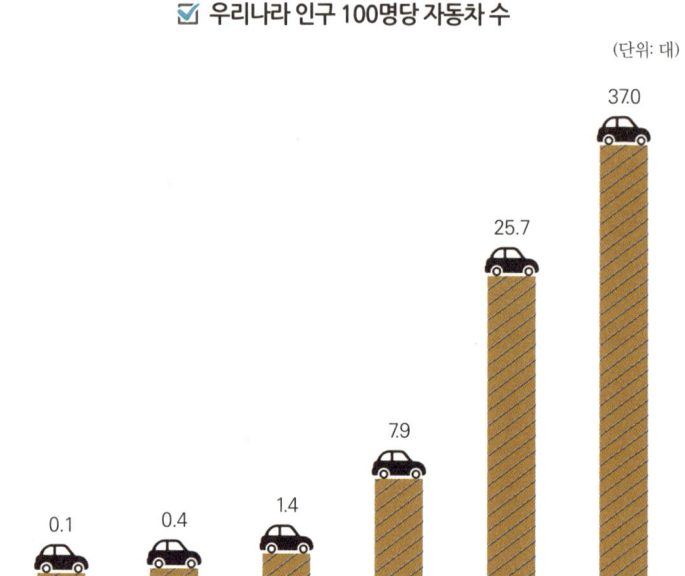

(단위: 대)

자료: 통계청

인구 100명당 자동차 수는 1970년 0.4대에서 2011년 37.0대로 약 90배 증가하였다. OECD 국가의 인구 100명당 자동차 보유대수는 평균 56.3대이다. 일본은 51.9대, 미국은 79.7대임을 감안하면, 우리나라도 경제가 발전하면서 자동차 보유대수 또한 계속 증가할 것으로 전망된다.

025 | 디지털 선진국의 모습을 보이다

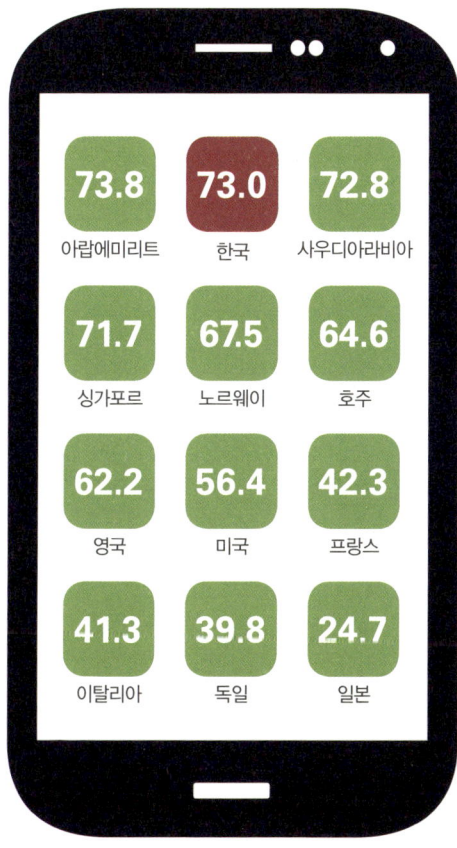

☑ 세계 주요국 스마트폰 보급률

(단위: %)

아랍에미리트	한국	사우디아라비아
73.8	73.0	72.8
싱가포르	노르웨이	호주
71.7	67.5	64.6
영국	미국	프랑스
62.2	56.4	42.3
이탈리아	독일	일본
41.3	39.8	24.7

자료: 구글

🔍 구글 모바일플래닛에서 2013년 초에 각국의 16세 이상 1,000명을 대상으로 설문조사한 결과에 의하면, 우리나라의 스마트폰 보급률은 세계 2위로 디지털 선진국이다.

026 | 인터넷 가입률, 세계 평균을 훌쩍 뛰어넘다

☑ 세계 주요국 100명당 유선 광대역 인터넷 가입자 수

(단위: %)

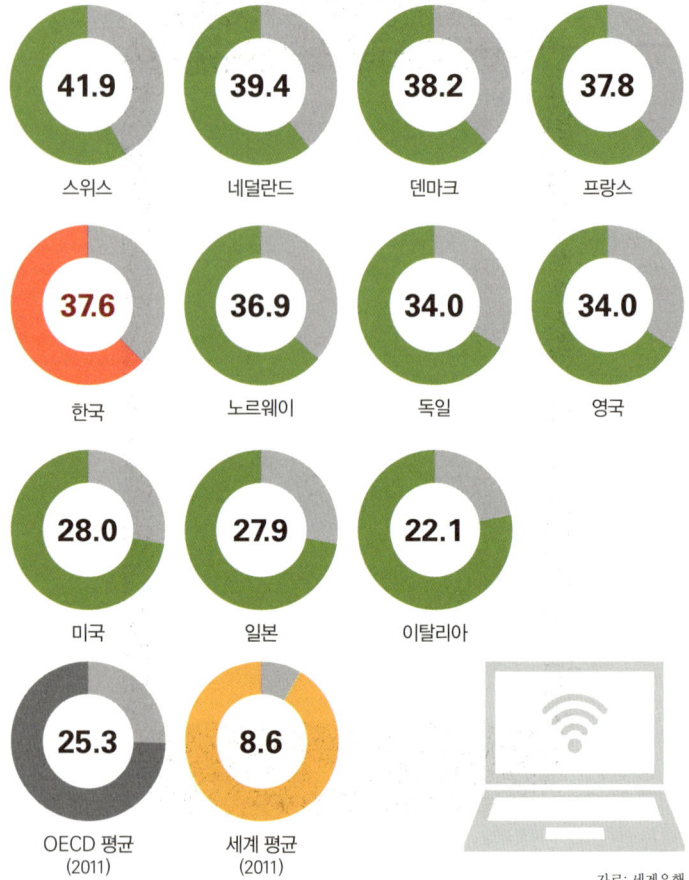

스위스	네덜란드	덴마크	프랑스
41.9	39.4	38.2	37.8

한국	노르웨이	독일	영국
37.6	36.9	34.0	34.0

미국	일본	이탈리아
28.0	27.9	22.1

OECD 평균 (2011)	세계 평균 (2011)
25.3	8.6

자료: 세계은행

세계은행 통계에 의하면, 우리나라는 ICT 강국답게 광대역 인터넷 가입률이 인구 100명당 37.6명으로 세계 평균인 8.6명은 물론이고 OECD 평균 25.3명을 크게 앞선다.

4

보건의료·교육 환경의 질적 변화

의료 및 교육 서비스 분야에도 큰 변화가 있었다. 인구 1,000명당 의사 수는 1970년 0.9명에 불과했으나 2012년에는 2.44명으로 증가하였고, GDP 대비 국민의료비 지출은 7%를 넘는다. 선진국의 경험에 비추어 볼 때 의사와 의료비 비중은 계속 늘어날 전망이다.

교육서비스 분야에서는 청년층 대졸자 비율이 63.8%로 세계 최고 수준을 보이고 있다. 고학력 비중이 지나치게 높아서 청년실업과 같은 사회문제가 생긴다는 지적도 있지만 인적 자본의 양적 확대, 질적 개선은 경제성장의 견인차가 될 수 있다.

027 | 의사 수, 90년대 이후 대폭 증가

☑ 우리나라의 인구 1,000명당 의사 수

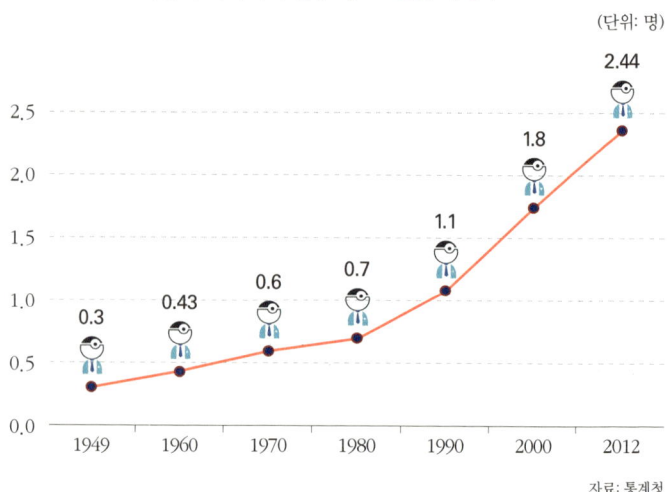

(단위: 명)

자료: 통계청

인구 1,000명당 의사 수는 1970년 0.6명에서 2012년 2.44명으로 크게 증가하였다. 1980년대에 17개, 1990년대에 10개의 의과대학이 신설되면서 1980~1990년 사이에 의사 수가 큰 폭으로 증가하였다.

028 | 20-50 국가와 비교해 의사의 비중은 계속 늘어날 전망

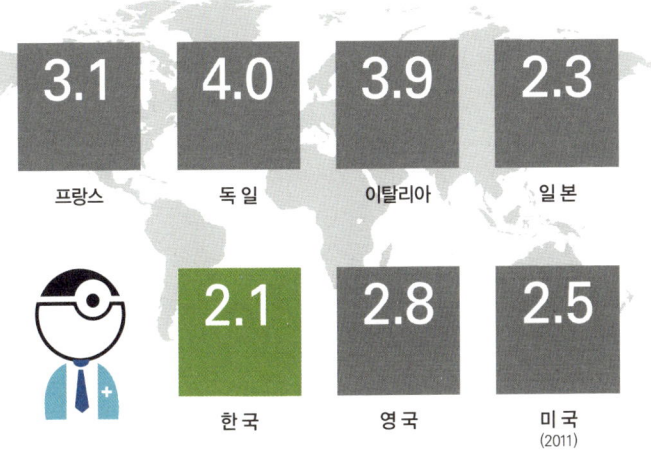

세계 주요국의 인구 1,000명당 진료하는 의사 수(2012)
(단위: 명)

프랑스 3.1 / 독일 4.0 / 이탈리아 3.9 / 일본 2.3
한국 2.1 / 영국 2.8 / 미국 2.5 (2011)

자료: OECD
※ 미국은 2011년 자료

우리나라 의료 인력은 크게 증가했지만 2012년도 인구 1,000명당 의료 인력(진료 의사 기준)은 2.1명으로 20-50 국가와 비교하면 여전히 부족한 편이다.

의과대학 졸업자 수 또한 인구 10만 명당 8.2명으로 OECD 평균(11.1명)보다 적고, 인구 1,000명당 간호사 수는 4.8명으로 OECD 평균(9.3명)의 절반 수준에 불과하다. 20-50 국가의 선례에 비추어볼 때 앞으로 의료 인력의 비중은 더 늘어날 전망이다.

029 | 국민의료비의 GDP 비중 30년 사이 2배 증가

우리나라의 GDP 대비 의료비 지출 변화

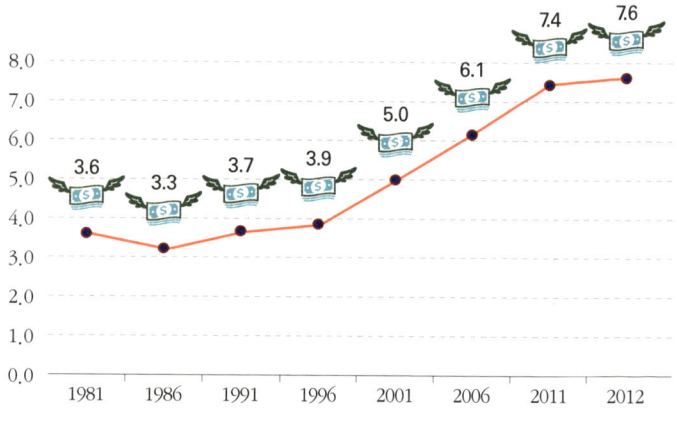

자료: 보건복지부

2012년도 국민의료비 지출은 GDP의 7.6%인 97조 1,000억 원에 달했다. 인구 고령화와 함께 건강에 대한 국민들의 걱정이 많아지면서 우리나라의 보건의료비용은 2008~2012년 기간 중 연평균 6.6% 증가하였다. 이는 OECD 회원국 평균(2.3%)의 약 3배에 해당하는 수치이다.

030 | GDP 대비 의료비 지출 비중은 20-50 국가 중 아직은 낮은 수준

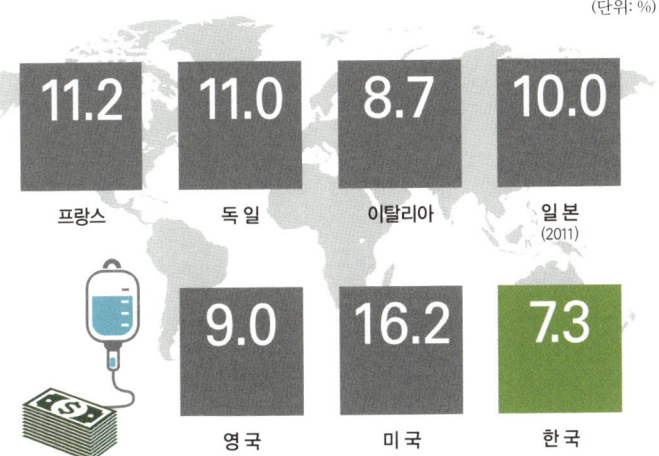

☑ 세계 주요국의 GDP 대비 의료비 지출 비중(2012)

(단위: %)

프랑스	독일	이탈리아	일본(2011)
11.2	11.0	8.7	10.0

영국	미국	한국
9.0	16.2	7.3

자료: OECD
※ 일본은 2011년 자료

OECD 통계에 의하면 2012년도 GDP 대비 우리나라 의료비 지출은 7.3%로 미국(16.2%), 프랑스(11.2%), 독일(10.9%), 영국(8.9%), 이탈리아(8.7%)에 비해 낮은 수준이다. 그러나 급속한 인구 고령화 추세와 우리나라 국민들의 잦은 병원 출입을 비추어 볼 때 GDP 대비 의료비 지출은 앞으로도 빠르게 증가할 전망이다.

2012년도 우리나라 국민의 1인당 외래진료 횟수는 연간 14.3회로 OECD 평균(6.3회)을 크게 앞서며 회원국 중 1위이고, 환자 1인당 평균 입원 기간은 16.1일로 OECD 회원국 중 2위를 기록하고 있다.

031 | 청년층 고학력자, 10년 사이 급증

☑ 우리나라의 25-34세 인구 중 대학졸업자 비율

(단위: %)

연도	2000	2005	2010	2011
비율	36.9	51.0	65.0	63.8

자료: OECD

> 우리나라 25~34세 인구 중 대학졸업자 비율은 2000년 36.9%에서 2005년 51.0%를 거쳐 2011년에는 63.8%로 급증하였다. 대졸자 비율이 증가한 이유는 우리나라 교육열이 남다르기 때문이기도 하지만, 대학을 나오지 않으면 사회적으로 인정을 받기 어려운 제도와 문화에도 원인이 있다.

032 | 청년층 고학력자 비율, 세계 최고 수준

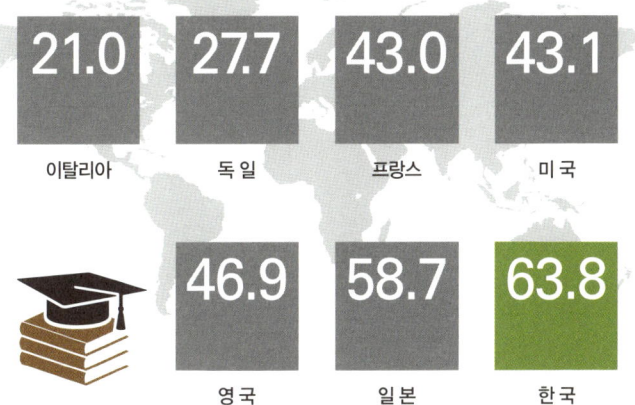

세계 주요국의 25-34세 인구 중 대학졸업자 비율(2011)
(단위: %)

- 이탈리아: 21.0
- 독일: 27.7
- 프랑스: 43.0
- 미국: 43.1
- 영국: 46.9
- 일본: 58.7
- 한국: 63.8

자료: OECD

우리나라 25~34세 인구 중 대학졸업자 비율은 OECD 국가 중에서도 단연 1위이다. 일본이 58.7%로 그나마 우리나라와 비교될 정도이고, 독일은 27.7%에 불과하다. 대학을 졸업한 고등인력이 많아지자, 일자리의 불균형 현상이 사회문제로 부각되고 있다. 독일과 같이 대학을 가지 않아도 꿈을 이룰 수 있는 사회가 되어야 한다.

3장

기로에 선 한국경제

1

성장잠재력, 경제성장률의 지속적 하락

한국은 경제발전의 세계적 모범 사례였으나 지금은 저성장의 늪에 빠진 채 중대한 갈림길에 서 있는 형국이다. 1970~1990년 기간 중 10%에 육박했던 우리나라 경제성장률은 1991~2000년 기간에는 6.6%, 그리고 2001~2010년 기간에는 4.2%로 눈에 띄게 급감했다. 경제가 어느 정도 성장하고 선진국 반열에 오르면 성장 속도가 낮아지는 수렴현상收斂現狀이 발생하는 게 일반적이지만, 성장률이 계속해서 세계 평균을 밑도는 것은 문제다. 지난 10년간 세계 경제성장률보다 높은 성장률을 기록한 때는 단 두 번뿐이었다. 이대로 가면 한국경제의 성장엔진이 멈출 수도 있다는 경고음도 들린다.

033 | 세계 평균을 밑도는 최근 경제성장률

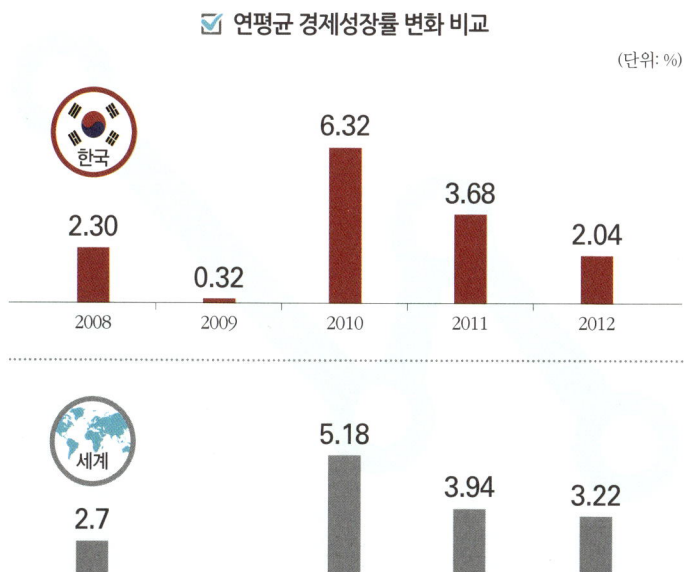

연평균 경제성장률 변화 비교 (단위: %)

한국: 2008년 2.30, 2009년 0.32, 2010년 6.32, 2011년 3.68, 2012년 2.04

세계: 2008년 2.7, 2009년 -0.31, 2010년 5.18, 2011년 3.94, 2012년 3.22

자료: IMF

빠른 경제발전 속도로 인해 경제성장률의 모범 국가였던 우리나라가 2000년대 연평균 경제성장률 4.2%, 최근 6년(2008~2013)간 연평균 성장률 2.9%로 세계 평균에 비해 저조한 상태이다.

OECD 선진국의 사례처럼 경제규모가 커지면 성장률이 둔화되는 현상 때문이라고도 볼 수 있다. 그러나 우리나라는 1인당 국민소득이 미처 3만 달러에 이르지 않은 상태에서 '조로화早老化 현상'을 보이고 있어 우려를 자아내고 있다.

034 | 잠재성장률, 급속한 저하 우려

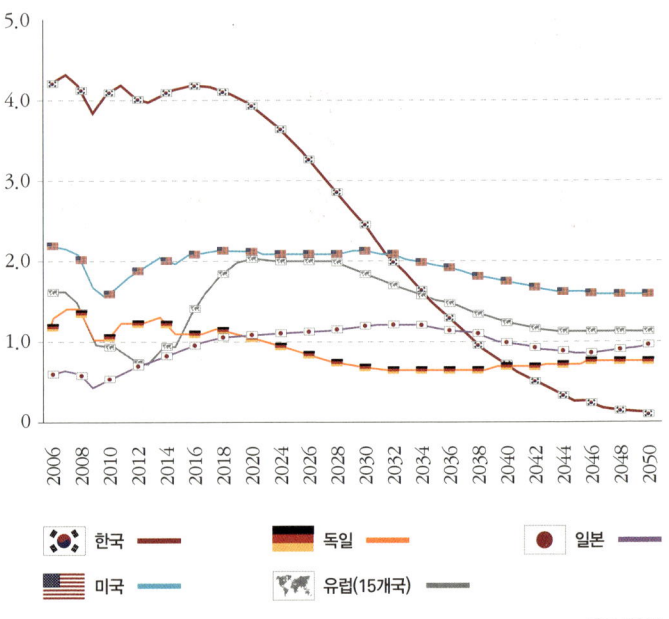

한국과 OECD 주요국의 잠재성장률 장기 전망

(단위: %)

한국 / 독일 / 일본 / 미국 / 유럽(15개국)

자료: OECD

2013년 4월, 맥킨지 글로벌 연구소는 한국에 대한 두 번째 보고서에서 '지금의 한국경제는 서서히 달구어지는 솥 안의 개구리와 같다'고 경고한 바 있다.

2013년 6월에 발간된 「OECD 경제전망」 보고서에서는 한국의 잠재성장률은 OECD 34개 회원국 중에서 하락 속도가 가장 빠르다고 우려했다. 이대로 2038년에 이르면 한국의 잠재성장률은 사실상 한국경제의 성장엔진이 멈추는 0%대로 진입할 것으로 전망하였다.

2

저출산, 고령화에 따른 생산가능인구의 감소

세계 시장조사 전문기관인 유로모니터(Euromonitor)는 '저출산과 고령화로 인해 2014년 일본에서는 처음으로 어른용 기저귀 판매량이 유아용 기저귀 판매량을 넘어설 것'으로 전망했다.

저출산과 고령화는 비단 일본만의 문제가 아니다. 한국의 출산율은 지속적으로 하락해 세계 최하위 수준이고, 65세 이상 고령인구의 비중은 빠르게 증가하는 중이다. 이에 따라 한국의 생산가능인구는 2017년부터 감소되면서 미래의 한국경제 전망을 어둡게 하는 주요 요인이 되고 있다.

035 인구증가율, 빠르게 감소할 전망

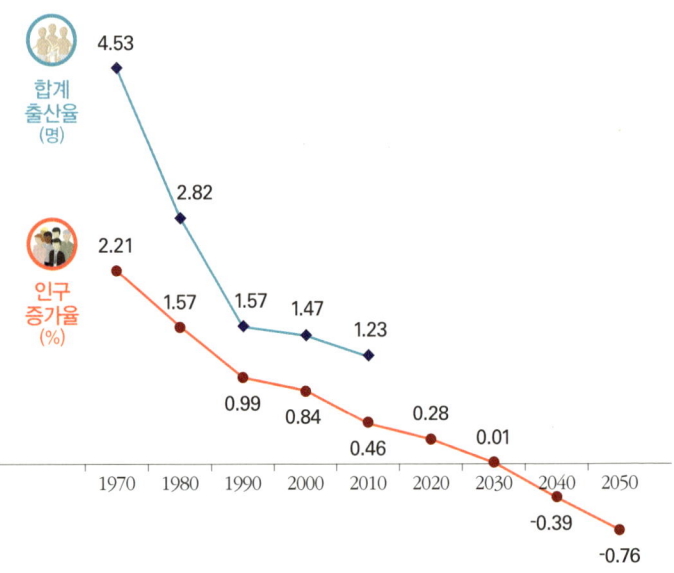

한국의 합계출산율과 인구증가율 변화

자료: 통계청

합계출산율*이 1970년 4.53명에서 2010년 1.23명으로 급격히 떨어지면서, 인구증가율은 1970년 2.21%에서 2010년에 0.46%로 급감했다. 만약 이대로 간다면 2032년을 계기로 우리나라 총 인구 수는 감소하는 추세로 반전될 것이다.

* 합계출산율(TFR, Total Fertility Rate): 여성 1명이 평생 동안 낳을 것으로 예상되는 평균 출생아 수를 나타낸 지표이며, 합계출산율이 높을수록 한 여성이 출생하는 자녀 수가 많다는 의미이다. 합계출산율 1.3명 이하인 경우 초저출산 사회로 분류된다.

036 합계출산율, 20-50 국가 중 최하위

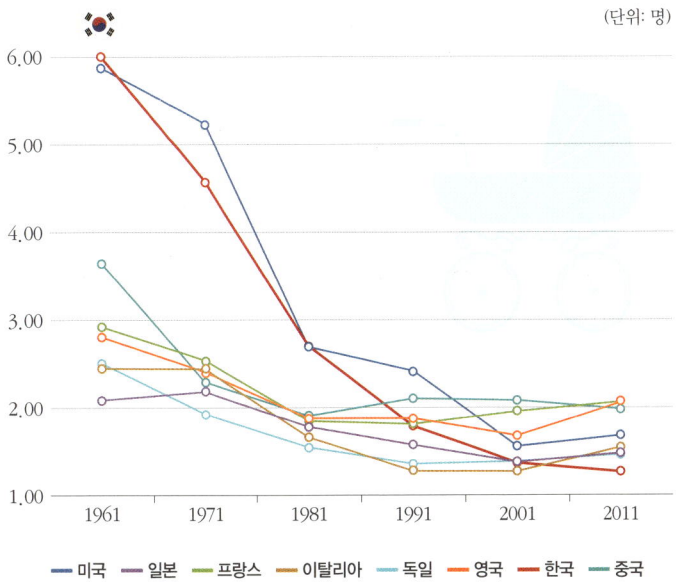

세계 주요국의 합계출산율 변화 (단위: 명)

범례: 미국, 일본, 프랑스, 이탈리아, 독일, 영국, 한국, 중국

자료: 세계은행

1961년에는 무려 6명에 이르렀던 우리나라 합계출산율은 그 감소 속도가 빠르게 진행되어 지금은 20-50 국가 중에서도 최하위이다.

한국의 2011년도 합계출산율은 1.23명인데, 이는 오랫동안 한 자녀 갖기 운동을 펼쳤던 중국의 1.66명에 비해서도 낮은 수치이다.

※ 20-50 국가의 합계출산율: 프랑스(2.03) > 영국(1.98) > 미국 (1.89) > 이탈리아 (1.41) > 일본(1.39) > 독일(1.36) > 한국(1.23)

037 | 65세 이상 고령인구의 비중은 급증

☑ 세계 주요국의 고령인구 비중 추이 전망

(단위: %)

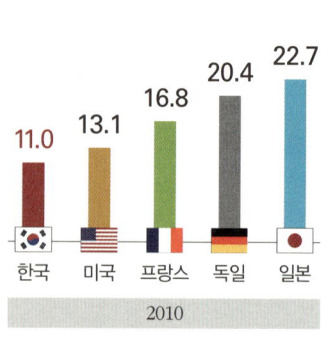
2010

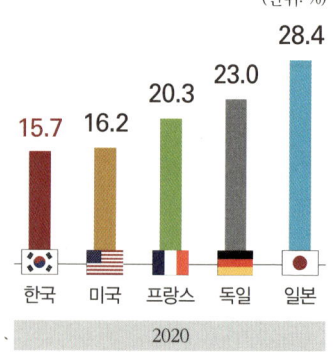
2020

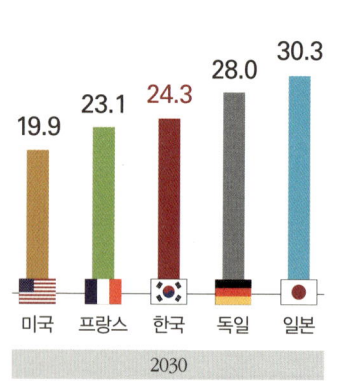
2030

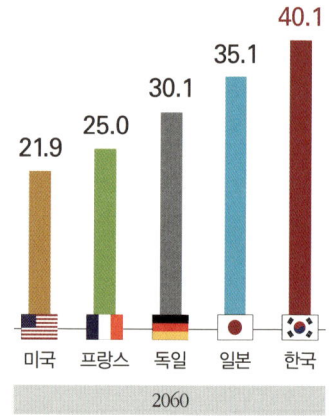
2060

자료: UN

2010년도 65세 이상 고령인구 비중은 일본이 22.7%로 가장 높고, 그 다음이 독일 20.4%, 한국은 11.0%이다. 그러나 한국의 고령인구 비중은 2020년 15.7%, 2030년에는 24.3%로 계속 급증할 전망이다. 이대로 간다면, 2060년에는 한국의 고령인구 비율(40.1%)이 일본의 고령인구 비율(35.1%)을 앞지를 것으로 전망된다.

038 | 생산가능인구, 2017년을 기점으로 감소할 듯

☑ 한국의 생산가능인구 변화 추이

(단위: 1,000명)

연도	인구
2011	36,353
2017	37,039
2059	22,256

자료: 통계청

출산율은 급격히 감소하고, 인구는 늙어가면서 생산가능인구*는 2017년부터 감소할 추세로 전환된다. 생산가능인구가 감소한다는 것은 노동력을 제공할 수 있는 인구가 감소한다는 것을 의미하며, 이는 한국경제의 성장잠재력에 부정적인 영향을 미친다.

또한 생산가능인구 1인이 부양해야 하는 65세 이상의 노인 비중이 늘면서 세대 간 갈등이 증폭될 것이다. 현재는 생산가능인구 5.3명이 노인 1명을 부양하고 있지만, 이대로 2036년이 되면 생산가능인구 2명이 노인 1명을 부양해야 할 것이다.

---

* 생산가능인구: 일할 수 있는 연령인 15~64세의 인구를 지칭한다.

3

수출과 내수의 부조화와 제조업과 서비스업의 불균형

'9대 1'. 2014년 1/4분기 우리나라 경제성장에 대한 수출과 내수(민간소비)의 기여도 차이다. 한국은행에 따르면 올해 1분기 경제성장률은 0.9%이며, 이 가운데 수출이 0.8% 포인트를 차지하고 민간소비는 0.1% 포인트를 차지하는 데 그쳤다.

한국의 무역의존도는 OECD 평균보다 두 배가량 높다. 부존자원이 적은 나라에서 수출을 많이 하는 것은 좋으나 그에 걸맞게 내수산업도 발전해야 하는데 그렇지 못한 것이 문제다. 특히 내수의 주축을 이루는 서비스산업의 비효율성 때문에 수출과 내수부문의 불균형이 갈수록 심화되고 있다. 대외 환경의 변화에 따라 출렁이는 경기변동성을 낮추고 지속성장과 더 많은 일자리를 창출하려면 내수산업이 활성화되어야 한다.

039 수출의 비중이 내수의 비중보다 높다

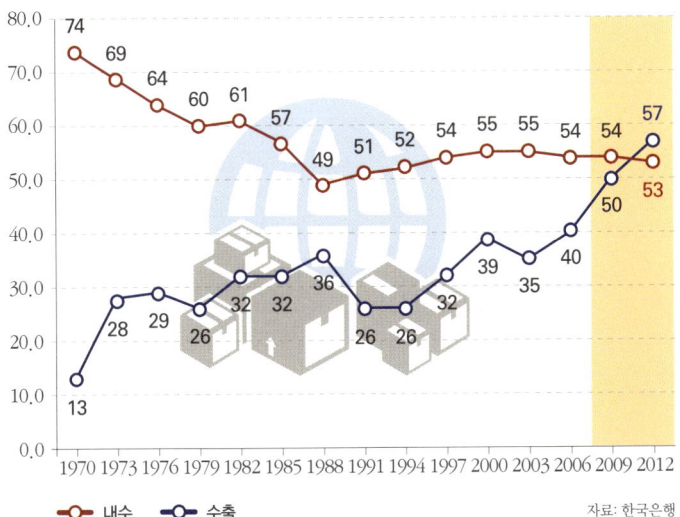

내수 비중과 수출 비중의 역전

(단위: %)

자료: 한국은행

GDP에서 내수가 차지하는 비중은 1982년 61%에서 2012년 53%로 하락한 반면, 수출 비중은 같은 기간 중 32%에서 57%로 급증하며 역전 현상이 발생했다.

040 | 무역의존도, OECD 평균의 2배

☑ 무역의존도 국제 비교(2012)

(단위: %)

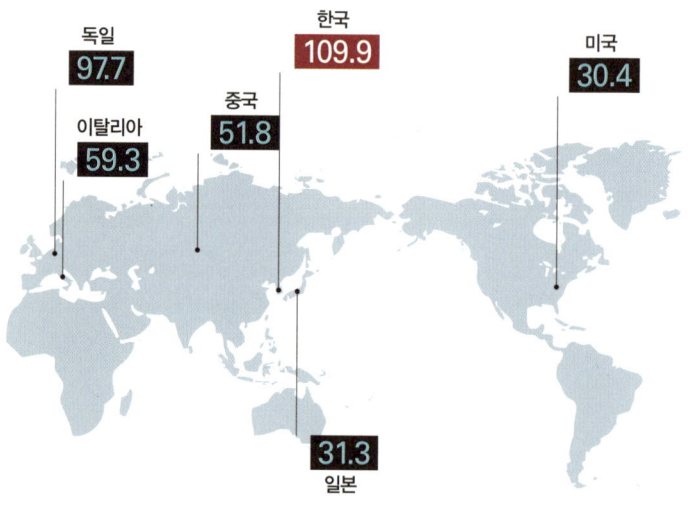

자료: 세계은행

🔍 우리나라의 무역의존도((수출+수입)/GDP)는 2012년도 110%에 달하여 OECD 국가의 평균(56%)보다 2배나 많고, 20-50 국가 중에서 가장 높다. 우리나라 기업들이 세계 시장에서 선전하며 수출을 많이 하는 것은 좋으나 내수가 뒷받침되지 않으면 안정적인 성장과 일자리 창출에는 한계가 있다.

041 내수 활성화 없이 지속성장 어렵다

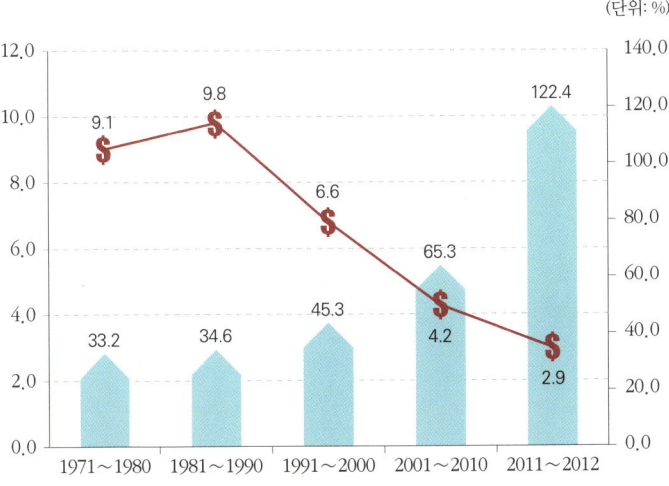

	1971-1980	1981-1990	1991-2000	2001-2010	2011-2012
민간소비지출의 성장기여도*	4.6	4.6	3.1	1.9	1.1
정부지출의 성장기여도	0.7	0.7	0.5	0.7	0.5
투자의 성장기여도(총고정자본형성)	3.6	4.2	1.8	0.7	-0.1
수출의 성장기여도	4.9	3.7	4.6	3.7	3.6
수입의 성장기여도 ⊖	4.7	3.4	3.4	2.7	2.2

자료: 한국은행

수출의 경제성장기여율(전년 대비 수출 증가분/전년 대비 GDP 증가분)은 꾸준히 증가한 반면, 내수의 성장기여율은 감소하였다. 2011~2012년에는 수출의 경제성장기여율이 100%를 넘어섰음에도 불구하고 국민경제 성장률이 2.9%로 저조하였다. 내수를 활성화하지 않고 수출만 잘하는 것으로는 경제성장과 일자리 창출에 한계가 있음을 시사한다.

* 성장기여도는 각 부문의 성장기여율에 GDP 변동률을 곱하여 얻는다. 이는 각 요소가 전체 경제성장률에 어느 정도 기여했는가를 나타낸다(통계적 오차 ±0.1%p).

042 | 서비스업의 노동생산성을 높여야

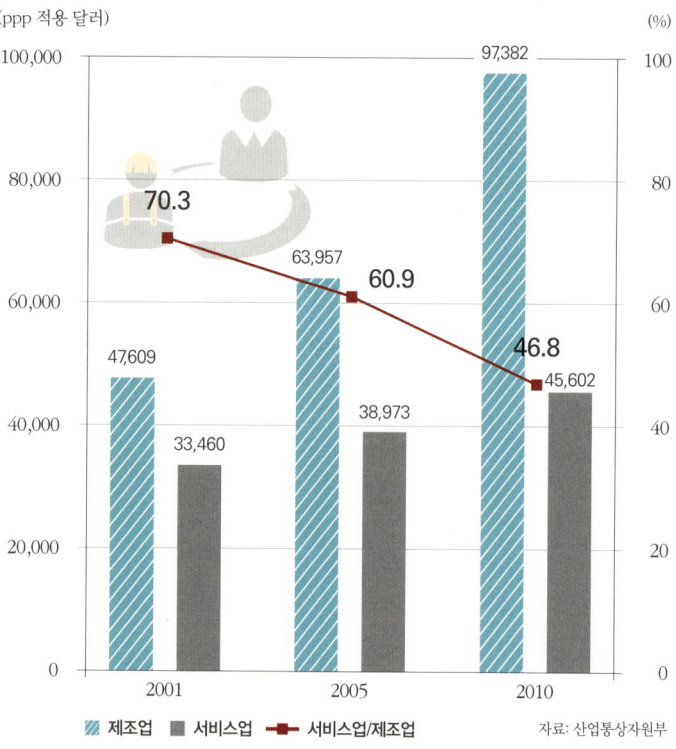

서비스업과 제조업의 1인당 노동생산성 변화

(ppp 적용 달러)

- 2001: 제조업 47,609 / 서비스업 33,460 / 서비스업/제조업 70.3
- 2005: 제조업 63,957 / 서비스업 38,973 / 서비스업/제조업 60.9
- 2010: 제조업 97,382 / 서비스업 45,602 / 서비스업/제조업 46.8

자료: 산업통상자원부

> 서비스업은 내수의 핵심이지만 생산성이 크게 낮은 것이 문제이다. 서비스업의 생산성 증가율은 제조업에 비해 크게 뒤떨어지면서 2010년도 서비스업의 1인당 노동생산성은 제조업부문의 절반에도 미치지 못하고 있다.

043 | 서비스업 생산성, 미국의 절반에 불과

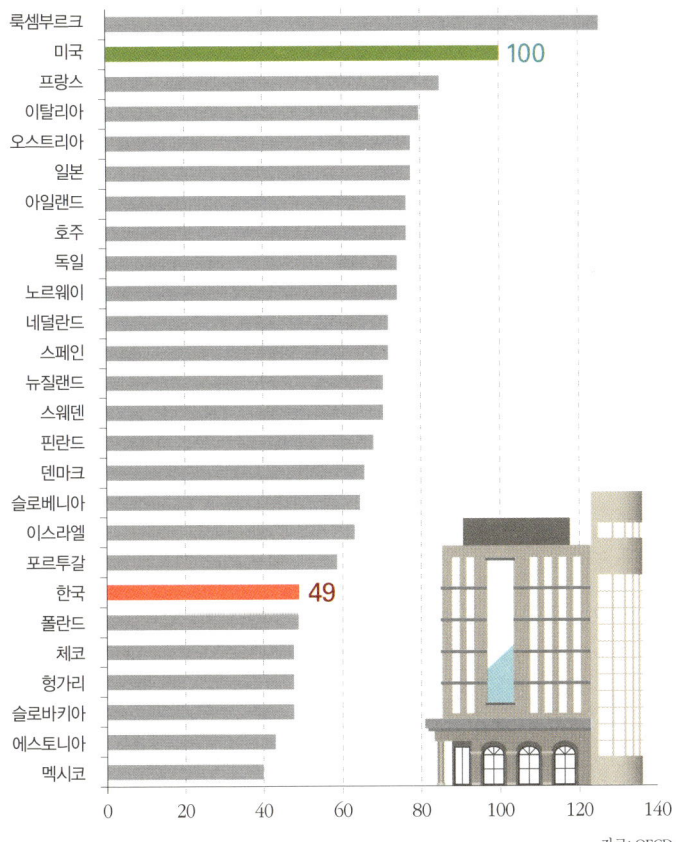

세계 주요국 서비스업 노동생산성 비교 (단위: %)

자료: OECD
※ 2001~2010 평균: 미국=100 기준

우리나라 서비스업의 생산성은 세계적으로도 낮은 수준이다. 미국의 노동생산성을 100으로 볼 때 한국은 49에 불과하다.

044 | 서비스업 부가가치, OECD 평균의 80%에도 못 미치다

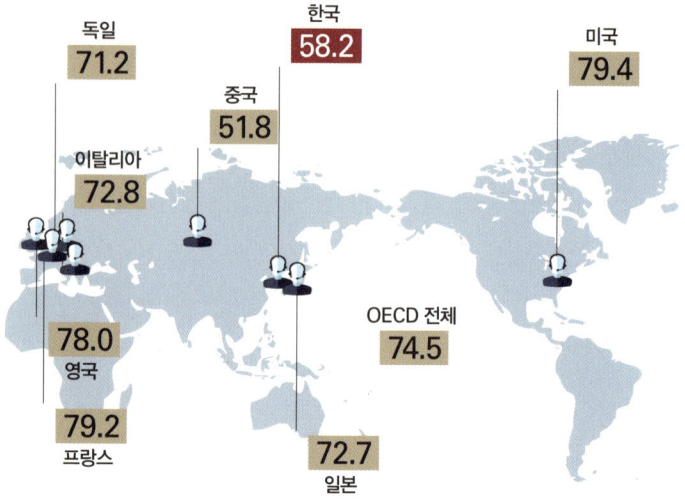

✅ GDP 대비 서비스업 부가가치 국제 비교(2012)

(단위: %)

- 독일 71.2
- 한국 58.2
- 미국 79.4
- 중국 51.8
- 이탈리아 72.8
- 영국 78.0
- 프랑스 79.2
- OECD 전체 74.5
- 일본 72.7

자료: 세계은행

🔍 우리나라 서비스업은 종사자 비중으로 보면 선진국이다. 그러나 GDP 대비 서비스업의 부가가치 비중은 58.2%에 불과하여 OECD 평균(74.5%)보다 낮고 20-50 국가 중에서 최하위 수준이다. 한국과 중국을 비교하면, 중국의 서비스업의 부가가치 비중은 51.8%로서 우리나라가 다소 앞선다.

045 | 들어오는 투자가 줄어들고 있다

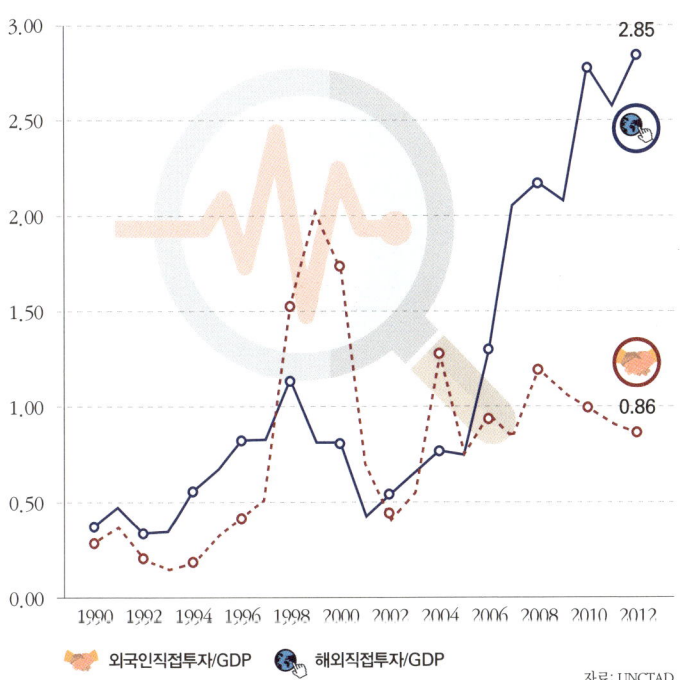

기업의 해외직접투자(ODI) 및 외국인직접투자(FDI) 추이

(단위: %)

자료: UNCTAD

해외로 나가는 직접투자(ODI)가 국내로 들어오는 직접투자(FDI)보다 3배나 많다. 2012년도 우리 기업의 해외직접투자는 300억 달러를 넘어선 반면, 국내에 오는 외국인직접투자는 100억 달러에 미치지 못하고 있다. 2005년 이후 해외로 나가는 직접투자는 계속 늘어 GDP의 2.9%까지 이른 반면, 국내로 들어오는 직접투자는 2005년 수준인 0.9% 수준에서 머물고 있다.

4

소득분배와 사회갈등비용

경제가 활력을 잃어가며 소득분배 또한 점차 악화되는 추세이다. 소득분배 불균등을 나타내는 대표적 지표인 지니계수를 보면 한국은 OECD 평균 수준으로 아직 괜찮은 편이나, 악화 속도가 빠르고 중산층이 위축되고 있어 문제다.

통계청에 따르면 1990~2013년 기간에 한국의 지니계수는 전국 2인 이상 도시가구, 가처분 소득 기준으로 0.256에서 0.280으로 상승했고, 대상을 전체 가구로 확대하면 지니계수는 0.302에 이른다. 이와 함께 법치주의가 미흡하기 때문에 사회갈등비용이 급증하면서 경제발전의 걸림돌로 작용하고 있다. 삼성경제연구소에 따르면, OECD 회원국 중 한국의 사회갈등지수는 종교분쟁을 겪고 있는 터키 다음으로 높다.

046 | 소득분배, OECD 평균 수준

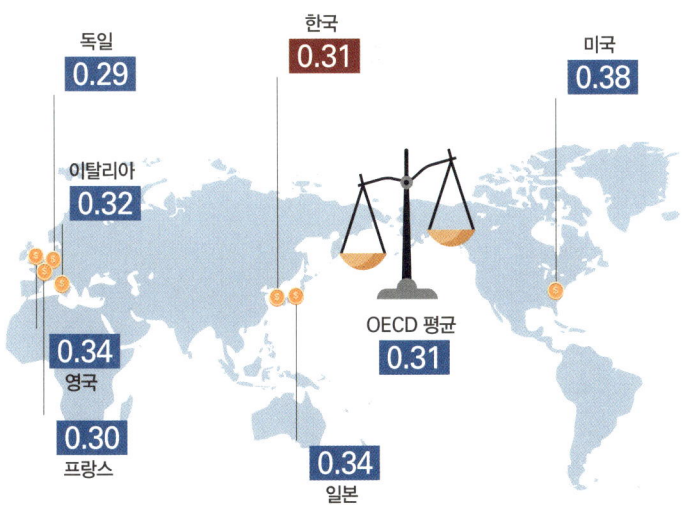

✓ 지니계수로 측정한 소득분배의 불균등도

독일 0.29
한국 0.31
미국 0.38
이탈리아 0.32
OECD 평균 0.31
0.34 영국
0.30 프랑스
0.34 일본

자료: OECD
※ 한국은 2011년, 일본은 2009년, 그밖의 나라는 2010년 기준

🔍
　　지니계수*로 본 한국의 소득분배도는 선진국에 비교하면 아직은 괜찮은 수준이나 문제는, 점점 악화되고 있다는 것이다. 지니계수는 한국이 0.31로서 OECD 평균과 비슷하다. 미국(0.38)이나 영국 또는 일본(0.34)에 비해 양호한 반면, 독일(0.29)과 프랑스(0.30)에 비해서는 다소 높다.

---

* 지니계수란 소득분배 불평등도를 나타내는 수치로 0에서 1 사이의 값을 가지며 1에 가까울수록 소득분배가 불균등함을 의미한다.

047 | 상·하위 소득격차, OECD 평균 상회

☑ 소득 하위 10%와 소득 상위 10% 간의 소득격차

(단위: 배)

자료: OECD
※ 한국은 2011년, 일본은 2009년, 나머지는 2010년 자료

소득 분배를 평가하는 또 다른 방법에는 소득 하위 10% 경계 소득과 상위 10%의 경계 소득을 비교하는 방법이 있다. 이 배율은 한국이 4.8배(2010년 기준)로서 OECD 평균(4.3배)보다 높고, 20-50 국가 중에서도 미국(6.1배)과 일본(5.2배) 다음으로 높은 편이다.

048 | 소득분배 불균등도, 세계 금융위기 때 정점

☑ 한국의 지니계수

자료: 통계청
※ 2인 가구, 가처분소득 기준

지니계수로 소득분배 불균등도의 변화 추세를 보면, 1990년대 중반까지 한국의 소득분배는 개선되었거나 최소한 악화되지는 않았다(도시 2인 가구 기준). 그러나 1997년 IMF 외환위기를 계기로 지니계수가 크게 상승하며, 1998년도 0.285까지 상승하고, 세계 금융위기가 닥쳤던 2008년도에는 다시 0.296으로 상승했다.

049 | 삶에 대한 개인의 만족도 낮다

☑ 국가별 삶에 대한 개인의 만족도(2013)

(단위: 점, 10점 만점)

자료: OECD

한국의 경제규모는 2013년 세계 15위(GDP 기준)이나 삶에 대한 만족도가 낮은 편이다. OECD 조사 「Better Life Index」에 의하면, 우리나라 국민의 삶에 대한 만족도는 2012년도 OECD 34개국 중 25위에 머물고 있다. 20-50 국가와 비교하면, 소득불균등도가 우리나라보다 높은 미국에 비해서도 삶의 만족도가 크게 떨어지며, 일본과는 비슷한 수준이다.

050 | 사회갈등 수준, OECD 27개국 중 2위

☑ 세계 주요국의 사회갈등 수준(2010)

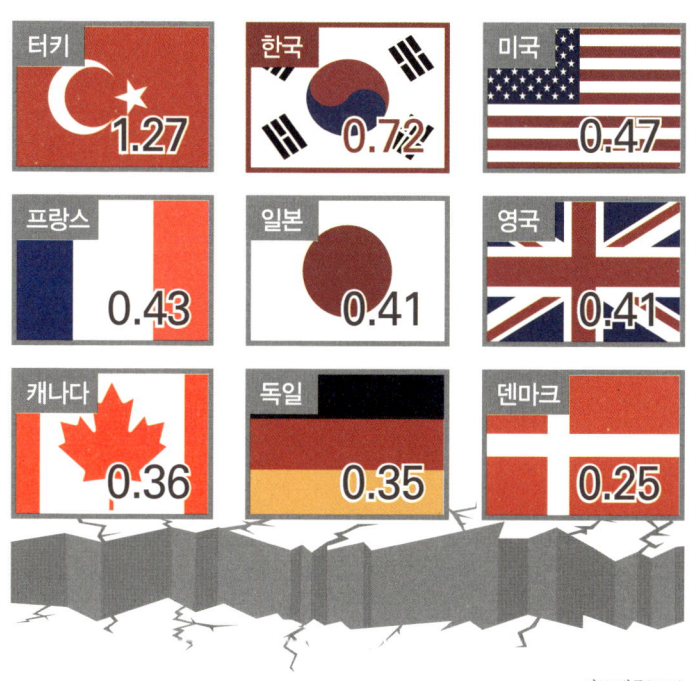

자료: 박준(2013)

박준의 「한국 사회 갈등 현주소」에 따르면, 2010년도 우리나라 사회갈등 비용은 OECD 국가 중 두 번째로 높으며, 종교 분쟁에 시달리는 터키를 제외하고는 가장 심각한 수준이라고 한다. 이 연구에 의하면, 한국은 사회갈등지수를 10%만 줄여도 1인당 GDP가 최소 1.8%에서 최대 5.4%까지 증가할 것이라 한다. 여기서 사회갈등지수는 지니계수를 분자로, 민주주의 지수와 정부효과성 지수의 산술평균값을 분모로 하여 측정한 값이다.

4장

한국경제, 재도약을 위한 과제

1
기업가정신의 고양

한국이 전쟁 후 폐허 상태에서 세계 10위권의 경제강국이 된 바탕에는 '기업가정신'이 있었다. 고故 정주영 회장의 "이봐, 해봤어?"라는 말은 도전과 혁신을 두려워하지 않는 기업가정신을 가장 잘 보여준다. 이러한 기업가정신이 있었기 때문에 부존자원이 변변하지 않고, 축적된 자본도 기술도 없었던 나라에서 글로벌 일류기업이 나오고, 경제강국으로 도약할 수 있었다. 그러나 요즈음 한국의 기업가정신은 주요국과 비교해 최하위 수준이다. 우리 경제가 재도약하려면 먼저 기업가정신이 되살아나야 할 것이다.

051 | 기업가정신이 경제발전의 원동력이다

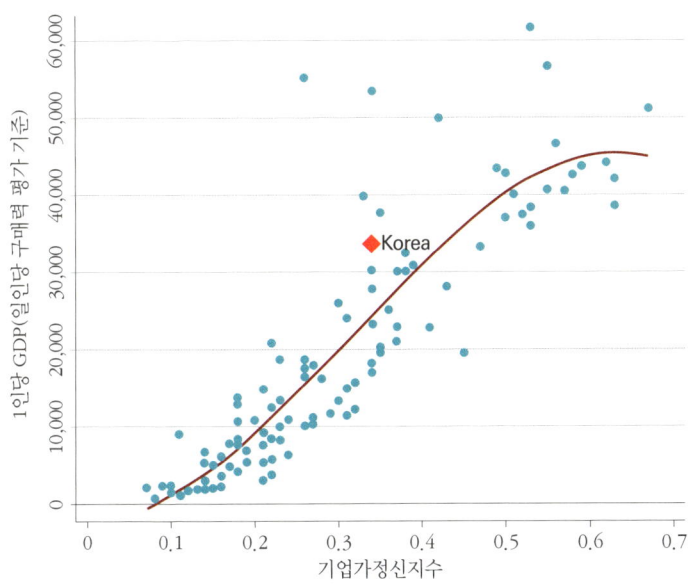

기업가정신지수와 1인당 GDP의 상관관계(2013)

(단위: 점, 달러)

자료: GEDI, 한국경제연구원(2013)

기업가정신은 경제발전의 원동력이다. 기업가정신지수(GEDI)*와 1인당 GDP는 80% 이상의 높은 상관성을 맺고 있다. 부존자원, 자본, 기술이 빈약한 속에서도 대한민국이 1960년대 초 1인당 국민소득 90달러에서 50년 만에 2만 달러대로 도약할 수 있었던 것은 온 국민의 '우리도 한번 잘살아보세'라는 도전적인 염원을 바탕으로 기업가정신이 활성화되었기 때문에 가능했다.

---

* GEDI는 국제기업가정신협회가 매년 조사하는 GEM(Global Entrepreneurship Monitor)에 각국의 제도 및 경제환경 변수를 결합시켜 각국의 기업가정신 상태를 측정하며, 이에 대한 상세한 설명은 Ács and Szerb (2012); Ács, Szerb, and Autio (2013) 참조

052 | 세계 속 한국의 기업가정신, 중하위권

☑ 열 지도로 표시한 세계의 기업가정신지수(2012)

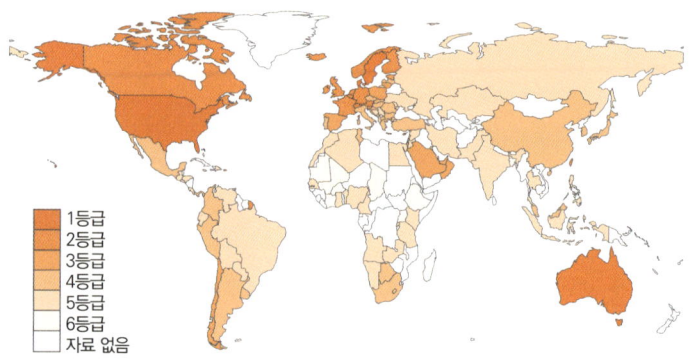

	1등급	2등급	3등급	4등급	5등급	6등급
GEDI 구간	0.6~1	0.48~0.6	0.36~0.48	0.24~0.36	0.12~0.24	0.06~0.12
GEDI 평균	0.638	0.533	0.470	0.307	0.185	0.104
ATT 평균	0.675	0.556	0.426	0.348	0.231	0.105
ACT 평균	0.700	0.581	0.396	0.310	0.200	0.140
ASP 평균	0.525	0.458	0.382	0.270	0.124	0.068
대상국가 숫자	4	15	13	31	43	12
대표 국가	미국, 덴마크, 스웨덴, 호주	캐나다, 영국, 독일, 핀란드	이스라엘, 칠레, 슬로베니아 사우디	일본, 대한민국, 중국, 멕시코	러시아, 브라질, 이집트, 인도	말리, 우간다, 말라위, 방글라데시

자료: 한국경제연구원

🔍 한국의 기업가정신은 세계 으뜸이었으나 2000년대 이후 크게 약화되어 있는 상태이다. 세계 각국의 기업가정신지수를 6분위로 나누어 살펴보면, 한국은 미국이나 덴마크의 1등급 국가는 물론이고, 3등급에 속하는 칠레나 슬로베니아보다 못한 4등급 구간에 속해 있는 것으로 평가된다.

053 기업가정신, 20-50 국가 중 최하위 수준

기업가정신지수 국제 비교(2012)

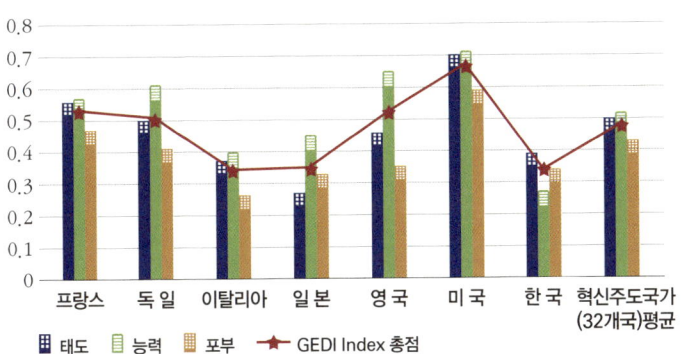

20-50 국가의 기업가정신지수 비교

	기업가정신지수 총점	총점 순위	태도	태도 순위	능력	능력 순위	열망	열망 순위
프랑스	0.53	11위	0.56	12위	0.57	15위	0.47	12위
독일	0.51	15위	0.5	16위	0.61	8위	0.41	20위
이탈리아	0.34	37위	0.37	40위	0.4	27위	0.26	49위
일본	0.35	34위	0.27	71위	0.45	22위	0.33	36위
영국	0.52	14위	0.54	14위	0.65	5위	0.35	32위
미국	0.67	1위	0.7	2위	0.71	3위	0.59	2위
한국	0.34	37위	0.39	33위	0.27	59위	0.34	33위
혁신주도국가 (32개국) 평균	0.48		0.50		0.52		0.43	
효율주도국가 (25개국) 평균	0.24		0.28		0.24		0.19	
요소주도국가 (25개국) 평균	0.14		0.15		0.17		0.09	
전체(118개국) 평균	0.29		0.33		0.31		0.24	

자료: 한국경제연구원

20-50 국가와 비교하면, 한국의 기업가정신지수는 경제위기를 겪고 있는 이탈리아와 함께 최하위 수준이다.

2

제도경쟁력의 제고

축구든 야구든 모든 경기에는 규칙이 있다. 스포츠에 규칙이 있는 까닭은 심판을 위한 게 아니라 경기를 활기차고 재미있도록 하기 위한 것이다. 경제활동에도 규칙은 필요하다. 경제 규칙 또한 스포츠 규칙과 마찬가지로 경제활동 참여자들이 창의적·생산적 역량을 최대한 발현하도록 기능해야 한다. 그러나 지금의 한국경제는 부실한 제도*, 불량규제로 몸살을 앓고 있다. 잘못된 경기 규칙이 경기를 망치듯이 잘못된 제도, 과도한 규제가 한국경제의 활력을 떨어뜨리고 있다. 이제는 제도혁신, 규제개혁을 통해 세계 하위권에 머물고 있는 우리나라의 제도경쟁력을 높여야 한다.

---

* 제도(instititution): 인간의 상호제약을 구조화하는 제약이며 공식적 제약과 비공식적 제약은 물론, 이러한 제약이 적용 또는 집행되는 과정까지를 통칭한다. 달리 말하면 제도는 개인과 기업의 경제활동 기회와 유인 체계를 결정하는 게임법칙이며, 한 나라의 경제적 성과와 국가 간 빈부의 차이를 결정하는 근본 요인이다(North, 1994).

054 | 경제 재도약, 제도경쟁력 향상이 관건

☑ 한국의 제도 관련 세계경쟁력지표 평가 순위

항목	순위 2012	2013
재산권 보호	52	55
지적재산권 보호	40	48
공공자금의 전용(轉用)	58	62
정치인에 대한 공공의 신뢰	117	112
비정상적인 지급 및 뇌물	50	57
사법부 독립성	74	78
공무원 의사결정의 편파성	89	79
정부 지출 낭비정도	107	80
정부 규제 부담	114	95
법체계의 효율성(논쟁 해결 측면)	80	84
법체계의 효율성(규제 개선 측면)	96	101
정책결정의 투명성	133	137
테러에 따른 기업비용	74	106
범죄 및 폭력에 따른 기업비용	44	60
조직범죄	57	73
경찰 서비스 신뢰성	39	47
기업경영윤리	56	79
회계감사 및 공시기준의 강도	75	91
기업 이사회의 유효성	121	130
소수 주주의 이익 보호	109	124
투자자 보호의 강도	65	41
제도 21개 합산순위	**62**	**74**

자료: WEF
※ 148개의 나라에서 매긴 순위

기업가정신은 개인의 소양이나 역량의 문제가 아니라 제도의 함수이다. 기업가정신을 유인하고 뒷받침하는 나라는 발전하고 그렇지 못하면 뒤처진다는 것이 '신제도경제학New Institutional Economics'의 핵심 요지이다.

세계경제포럼WEF: World Economic Forum에서는 매년 세계경쟁력지수GCI: Global Competitiveness Index를 발표하면서 제도와 관련 21개의 항목을 평가하는데, 한국의 제도 인프라 경쟁력은 세계 148개국 중 74위로 하위권이다.

❖ 우리나라 제도경쟁력의 연도별 순위
  36/102(2003) → 47/117(2006) → 53/133(2009) → 65/142(2011) → 74/148(2013)

055 | 제도경쟁력이 낮아 기업가정신지수도 약화

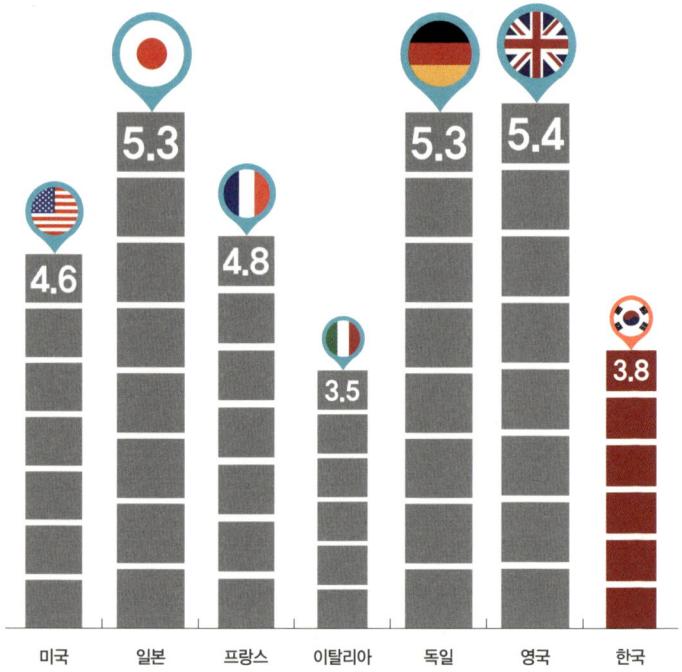

☑ 20-50 국가들의 제도경쟁력 비교

(단위: 점, 7점 만점)

미국	일본	프랑스	이탈리아	독일	영국	한국
4.6	5.3	4.8	3.5	5.3	5.4	3.8

자료: WEF

> 기업가정신은 제도경쟁력에 비례한다. 우리나라 기업가정신이 크게 약화된 이면에는 제도경쟁력이 열악한 상태에서 계속 추락하고 있음과 연관이 있다. 20-50 국가와 비교하면, 한국의 제도 인프라 경쟁력은 경제위기를 겪고 있는 이탈리아를 제외하고는 최하위이다.

20-50 국가들의 제도 요소별 경쟁력 비교

제도	미국		일본		프랑스	
	순위	점수	순위	점수	순위	점수
재산권 보호	33	5.2	16	5.8	19	5.7
지적재산권 보호	25	5.2	11	5.7	12	5.7
공공자금의 전용	29	4.6	17	5.4	27	4.8
정치인에 대한 공공의 신뢰	50	3.3	33	3.8	40	3.6
비정상적인 지급 및 뇌물	38	4.9	12	6.1	30	5.4
사법부 독립성	32	5	14	6	31	5.1
공무원 의사결정의 편파성	54	3.3	10	4.8	34	3.9
정부 지출 낭비 정도	76	3.1	52	3.5	83	3
정부 규제 부담	80	3.4	81	3.4	130	2.7
법체계의 효율성(논쟁 해결 측면)	26	4.7	28	4.7	48	4.1
법체계의 효율성(규제 개선 측면)	29	4.3	35	4.1	31	4.3
정책결정의 투명성	48	4.4	14	5.2	59	4.3
테러에 따른 기업비용	128	4.2	91	5.2	96	5.1
범죄 및 폭력에 따른 기업비용	87	4.3	43	5.2	58	4.9
조직범죄	84	4.8	62	5.2	51	5.5
경찰 서비스 신뢰성	24	5.7	23	5.8	34	5.3
기업경영윤리	32	4.9	11	5.8	23	5.2
회계감사 및 공시기준의 강도	36	5.3	25	5.5	33	5.3
기업이사회의 유효성	15	5.3	19	5.3	18	5.3
소수 주주의 이익 보호	27	4.9	20	5.1	46	4.5
투자자 보호의 강도	6	8.3	19	7	69	5.3
합계	35	4.6	17	5.3	31	4.8

참고

20-50 국가들의 제도 요소별 경쟁력 비교

제도	이탈리아 순위	이탈리아 점수	독일 순위	독일 점수	영국 순위	영국 점수	한국 순위	한국 점수
재산권 보호	67	4.3	15	5.8	4	6.2	55	4.5
지적재산권 보호	67	3.7	14	5.6	8	5.8	48	4
공공자금의 전용	93	2.8	16	5.4	13	5.7	62	3.3
정치인에 대한 공공의 신뢰	140	1.8	19	4.4	22	4.2	112	2.2
비정상적인 지급 및 뇌물	74	3.8	21	5.7	16	6	57	4.4
사법부 독립성	70	3.7	13	6	6	6.2	78	3.5
공무원 의사결정의 편파성	126	2.4	13	4.6	17	4.3	79	3
정부 지출 낭비 정도	139	2	23	4.2	39	3.7	80	3
정부 규제 부담	146	2.2	56	3.6	45	3.7	95	3.2
법체계의 효율성(논쟁 해결 측면)	145	2.3	13	5.2	8	5.6	84	3.5
법체계의 효율성(규제 개선 측면)	134	2.5	11	4.9	8	5.2	101	3
정책결정의 투명성	140	3	23	5	11	5.3	137	3.4
테러에 따른 기업비용	64	5.7	59	5.7	89	5.2	106	4.9
범죄 및 폭력에 따른 기업비용	81	4.5	26	5.6	48	5.1	60	4.9
조직범죄	134	3.6	36	5.8	28	5.9	73	5
경찰 서비스 신뢰성	38	5	17	6	26	5.7	47	4.8
기업경영윤리	103	3.6	15	5.7	12	5.8	79	3.8
회계감사 및 공시기준의 강도	110	4	23	5.5	16	5.8	91	4.3
기업이사회의 유효성	137	3.8	22	5.2	21	5.2	130	3.9
소수 주주의 이익 보호	133	3.3	29	4.8	15	5.2	124	3.5
투자자 보호의 강도	41	6	84	5	10	8	41	6
합계	102	3.5	15	5.3	12	5.4	74	3.8

056 한국의 노동시장 효율성, 세계 78위

☑ 부문별 세계경쟁력지수(GCI) 순위: 우리나라와 혁신주도국

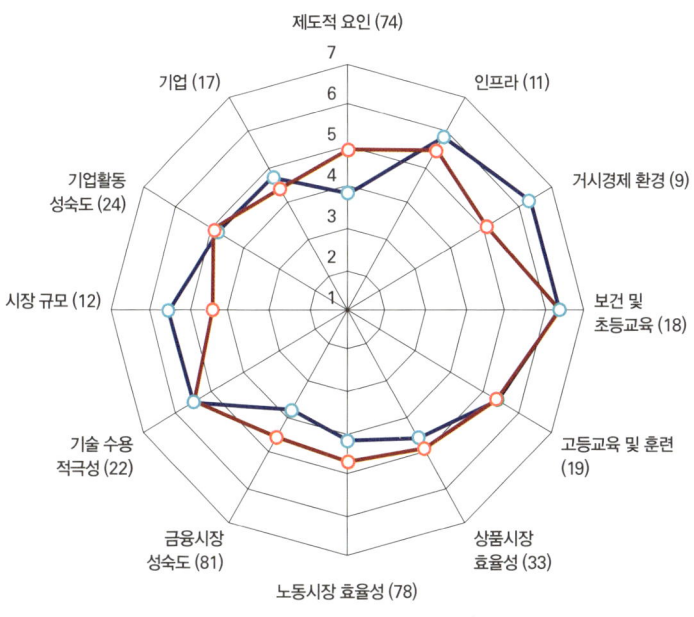

자료: WEF

지금의 한국은 제도경쟁력이 낮은 데다 금융시장 성숙도와 노동시장 효율성이 경쟁열위에 있음도 문제이다. 노동시장 효율성은 20-50 국가와 비교하면, 이탈리아가 137위로 꼴찌이고 한국이 78위로 그 다음, 프랑스 71위, 독일 41위, 일본 23위, 영국 5위, 미국 4위 순서로 평가된다.

20-50 국가들의 세계경쟁력지수 부문별 평가 점수와 세계 순위

세계경쟁력지수 구성 요소	미국 순위	미국 점수	일본 순위	일본 점수	프랑스 순위	프랑스 점수
제도적 요인	35	4.6	17	5.3	31	4.8
인프라	15	5.8	9	6.0	4	6.2
거시경제 환경	117	4.0	127	3.7	73	4.6
보건 및 초등교육	34	6.1	10	6.5	24	6.3
고등교육 및 훈련	7	5.8	21	5.3	24	5.2
상품시장 효율성	20	4.9	16	5.0	45	4.4
노동시장 효율성	4	5.4	23	4.8	71	4.3
금융시장 성숙도	10	5.3	23	4.8	33	4.6
기술 수용 적극성	15	5.7	19	5.6	17	5.7
시장 규모	1	6.9	4	6.1	8	5.8
기업활동 성숙도	6	5.5	1	5.8	21	5.0
기업	7	5.4	5	5.5	19	4.7
합계	5	5.48	9	5.4	23	5.05

세계경쟁력지수 구성 요소	이탈리아 순위	이탈리아 점수	독일 순위	독일 점수	영국 순위	영국 점수	한국 순위	한국 점수
제도적 요인	102	3.5	15	5.3	12	5.4	74	3.8
인프라	25	5.4	3	6.2	8	6.1	11	5.8
거시경제 환경	101	4.3	27	5.7	115	4.0	9	6.3
보건 및 초등교육	26	6.3	21	6.4	16	6.4	18	6.4
고등교육 및 훈련	42	4.8	3	5.9	17	5.5	19	5.4
상품시장 효율성	87	4.2	21	4.9	14	5.1	33	4.7
노동시장 효율성	137	3.5	41	4.6	5	5.4	78	4.2
금융시장 성숙도	124	3.3	29	4.7	15	5.0	81	3.9
기술 수용 적극성	37	4.7	14	5.7	4	6.1	22	5.6
시장 규모	10	5.6	5	6.0	6	5.8	12	5.6
기업활동 성숙도	27	4.7	3	5.7	9	5.4	24	4.9
기업	38	3.7	4	5.5	12	4.9	17	4.8
합계	49	4.41	4	5.51	10	5.37	25	5.01

057 | 규제개혁 주창해도 규제총량은 계속 증가한다

✓ 규제개혁위원회 등록규제 수 증가 추이

연도	경제적 규제					사회적 규제					행정적 규제	합계
	진입	가격	거래	품질	소계	환경	산업재해	소비자안전	사회적차별	소계		
2008	1,778	187	1,267	737	3,969	922	471	1,706	615	3,714	3,942	11,625
2009	1,914	205	1,384	861	4,364	958	478	1,850	648	3,934	4,352	12,650
2010	1,989	216	1,468	906	4,579	996	488	1,963	672	4,119	4,603	13,301
2011	2,045	231	1,540	949	4,765	1,042	490	2,115	703	4,350	4,912	14,027
2012	2,107	250	1,583	1,024	4,964	1,094	496	2,219	755	4,564	5,343	14,871
2013	2,128	256	1,594	1,039	5,017	1,113	497	2,240	749	4,599	5,448	15,064

자료: 규제개혁포털

　　제도경쟁력을 높이기 위해서는 효과적인 규제개혁(규제완화+규제품질 향상)이 관건이다. 역대 모든 정부에서 경제 활성화를 위한 규제개혁을 주창했으나 규제총수는 오히려 증가해왔다. 등록된 규제총량만 해도 2008년에 총 11,635건에서 2013년 후반에는 15,064건으로 증가했다.

058 | 의원입법 범람, 개선이 필요하다

☑ 국회 회기별 법안 발의 건수와 가결법안 발의 주체 비중의 변화

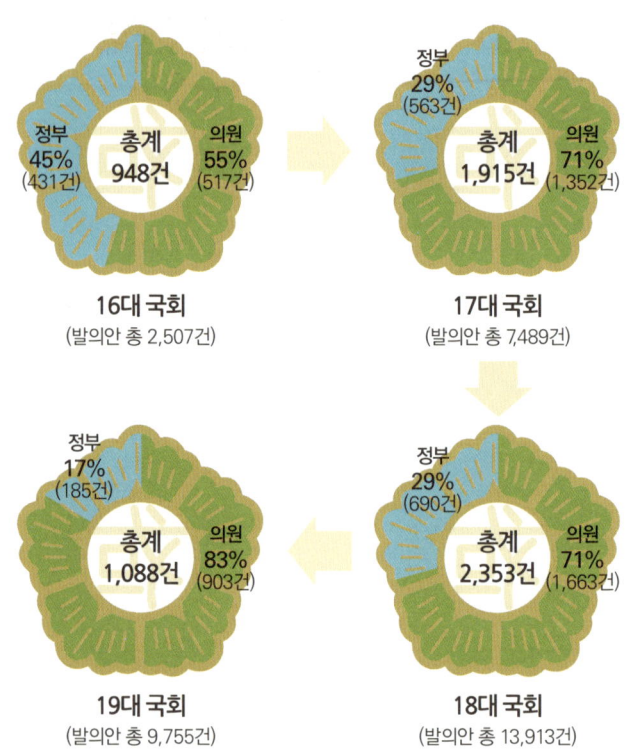

16대 국회
(발의안 총 2,507건)
- 정부 45% (431건)
- 총계 948건
- 의원 55% (517건)

17대 국회
(발의안 총 7,489건)
- 정부 29% (563건)
- 총계 1,915건
- 의원 71% (1,352건)

18대 국회
(발의안 총 13,913건)
- 정부 29% (690건)
- 총계 2,353건
- 의원 71% (1,663건)

19대 국회
(발의안 총 9,755건)
- 정부 17% (185건)
- 총계 1,088건
- 의원 83% (903건)

자료: 국회의안정보시스템
※ 19대 국회는 2014년 4월 23일 기준

규제는 경제의 자유를 제한하기 때문에 법률에 기초해야 하는데 갈수록 법률이 늘고 있다. 특히 의원발의 법안이 크게 늘어나는 추세인데 이들 법안은 정부발의 입법과 달리 규제영향평가 과정을 거치지 않기 때문에 규제범람의 주요 원인으로 지적된다. 한국의 제도경쟁력을 높이려면 기왕에 존재하는 규제를 정비하는 일 못지않게 새로운 규제가 불필요하게 범람하지 않도록 하는 일도 중요하다.

3

대·중소기업 동반성장 및 기업 생태계 개선

"**중소** 기업을 졸업하면 지원은 끊기고 규제는 늘어난다. 특히, 중견기업에서 대기업으로 성장해가는 길목에 진입 장벽이 형성되어 있다. 이러다 보니 2013년 기준 62개 대기업집단 가운데 80년대 이후 출현한 경우는 6개에 불과하고, 그나마도 민영화된 공기업, 외국계 기업, M&A에 의해 탄생한 것들이다."

한국의 기업생태계 문제에 대해 하림그룹 김홍국 회장이 진단한 내용이다. 한국의 중소기업 비중은 선진국과 비교하여 매우 높은 수준이다. 그러나 이 중에 중견기업, 대기업으로 성장한 사례는 아주 드물다. 경제가 양적·질적으로 발전하려면 중소기업이 중견기업으로, 중견기업은 대기업으로 성장하는 기업 성장의 사다리가 원활하게 작동하도록 해야 한다.

059 중소기업 비중, 선진국 대비 너무 높다

세계 주요국의 규모별 사업체 및 종사자 수 비율

(단위: %)

	규모별 사업체 수 비율				규모별 종사자 수 비율			
	1-9명	10-50명	50-249명	250명 이상	1-9명	10-50명	50-249명	250명 이상
한국 (2007)	81.1	16.2	(2.5)	(0.2)	24.2	31.0	(24.8)	(19.9)
일본 (2006)	69.3	24.4	(5.6)	(0.6)	14.0	27.9	(32.3)	(25.8)
영국 (2008)	68.6	23.8	6.2	1.4	10.4	18.4	23.1	48.2
독일 (2007)	60.5	29.1	8.4	2.1	6.7	15.6	24.8	52.9
프랑스 (2006)	83.4	12.9	3.0	0.8	12.6	19.0	22.0	46.3

자료: 통계청 및 각국의 정부자료
※ 1인 이상 제조업 기준/ 한국, 일본은 50-299인/300인 이상 기준

제조업 사업체 기준으로 99.8%가 중소기업이며, 0.2%만이 대기업이다. 우리나라 대기업의 비중은 일본의 1/3, 독일의 1/10에 불과하다. 대기업의 비중이 낮기 때문에 제조업 부문 종사자의 80%가량이 중소사업체에 근무한다. 흔히들 99-88을 이야기하며 종사자의 88%가 중소기업에 다닌다고 하는데, 이는 서비스 부문을 포함시킨 수치이기 때문에 정확한 것은 아니다. 종업원 50~299명의 중기업 비율도 한국은 5.6%로 20-50 국가 중 최하위이다.

060 | 중소기업은 과밀, 대기업은 감소 중

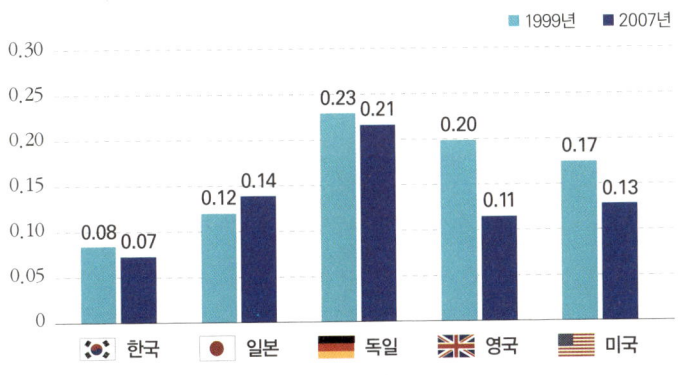

☑ 인구 1만 명당 대기업 수

■ 1999년 ■ 2007년

	한국	일본	독일	영국	미국
1999년	0.08	0.12	0.23	0.20	0.17
2007년	0.07	0.14	0.21	0.11	0.13

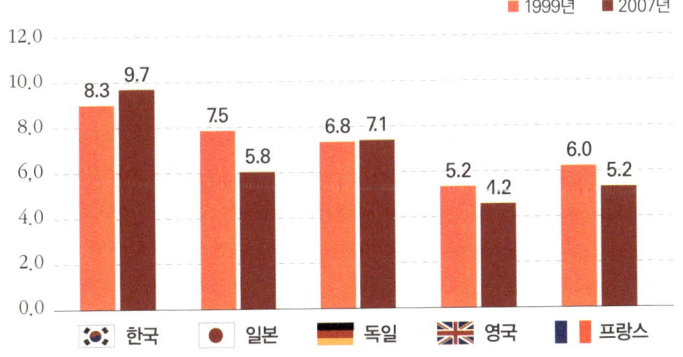

☑ 인구 1만 명당 소기업 수

■ 1999년 ■ 2007년

	한국	일본	독일	영국	프랑스
1999년	8.3	7.5	6.8	5.2	6.0
2007년	9.7	5.8	7.1	4.2	5.2

자료: 오영경(2010)

종업원 500인 이상의 대기업 수는 1999~2007년 기간 중 인구 1만 명당 0.08에서 0.07개로 감소한 반면, 종업원 50인 미만의 소기업 수는 같은 기간 중 8.3개에서 9.7개로 증가했다. 다른 선진국에 비해 중소기업 비중은 높고 대기업의 비중은 낮은 상태에서 해가 갈수록 중소기업은 더욱 과밀해지고, 대기업은 더욱 희소해지는 추세이다.

4장 한국경제, 재도약을 위한 과제

061 | 중소기업에서 중견기업으로, 중견기업에서 대기업으로 성장사례 드물다

☑ 1994~2003년 기간 중 중견·대기업으로 성장한 중소기업의 비율: 0.13%

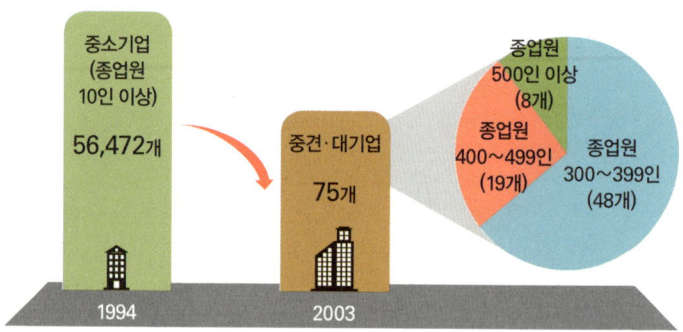

자료: 김주훈(2005)

☑ 1998~2007년 기간 중 대기업으로 성장한 중견기업의 비율: 4.7%

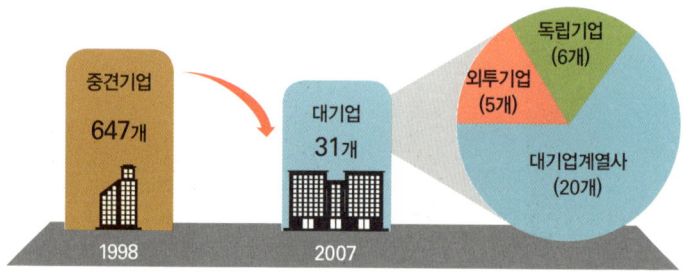

자료: 조영삼(2010)

우리나라 기업 생태계의 또 다른 문제는 중소기업이 중견, 중견기업이 대기업으로 성장하는 사례가 매우 드물다는 것이다. 국민경제가 더욱 건실해지고 질 좋은 일자리가 더 많이 늘어나려면 새로운 스타 기업들이 많이 나타나야 한다.

062 | 선진국일수록 대기업 수와 비중 높다

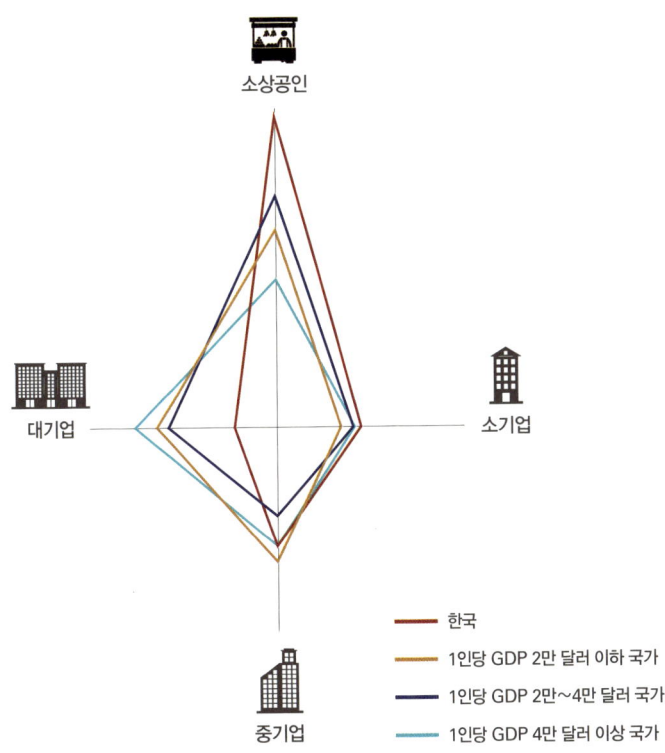

기업규모별 종사자 비중

― 한국
― 1인당 GDP 2만 달러 이하 국가
― 1인당 GDP 2만~4만 달러 국가
― 1인당 GDP 4만 달러 이상 국가

자료: 통계청, EU

'작은 것이 아름답다'는 말도 있지만 경제가 건실하게 성장하려면 더 많은 중소기업이 중견, 대기업으로 성장하여 대기업의 비중이 지금보다 높아져야 한다. 세계 각국을 1인당 소득 분위별로 나누어 보면, 한국은 1인당 GDP 4만 달러 이상인 국가와 비교할 때 대기업, 중기업의 비중은 낮고 소기업, 소상공인의 비중은 지나치게 높다.

4
법치주의 확립 및 부패 척결

경제활동은 계약과 교환행위에 기초한다. 법률 체계와 법 집행의 공정성을 믿을 수 없으면 거래를 주저하게 되고, 시장거래와 경제활동은 위축된다. 경제활동이 왕성해지기 위해서는 경제활동을 뒷받침하는 사회적 자본이 탄탄해야 하고, 그러려면 무엇보다 법과 원칙이 통해야 한다. 그러나 한국은 법률 시스템에 대한 국민의 신뢰도가 낮고, 법 준수 의식을 나타내는 법치주의 평가지수와 부패인식지수는 OECD 회원국 중에서도 하위권에 머물고 있다. 성장잠재력을 끌어올리고, 진정한 선진국이 되기 위해서 비리 척결과 법치주의 확립은 반드시 달성해야 하는 과제이다.

063 | 한국의 법치주의 수준, OECD 국가 중 하위권

☑ 20-50 국가 간 법치주의 비교표(2012)

	프랑스	독일	이탈리아	일본	영국	미국	한국
법치주의 평가지수	1.43	1.64	0.36	1.32	1.69	1.60	**0.97**
순위 (214개국)	22위	18위	81위	28위	16위	19위	**44위**
OECD 순위 (34개국)	17위	15위	32위	20위	13위	16위	**26위**

자료: 세계은행

우리나라 국민이 법과 제도를 얼마나 믿고 잘 지키는지에 대하여 세계은행이 조사한 바에 따르면 OECD 34개국 중 26위에 불과하다. 2013년에 20-50 국가 중에서는 이탈리아 다음으로 최하위이다.

❖ 법치주의: 한 나라의 법과 제도를 얼만큼 신뢰하고 얼마나 잘 지키는지 나타내는 척도로써 세계은행에서 여러 변수들을 종합하여 평가하는 지수
❖ 법치주의 평가지수는 최하 -2.5~최고 2.5의 척도로 측정

064 | 법치주의, OECD 34개국 중 26위

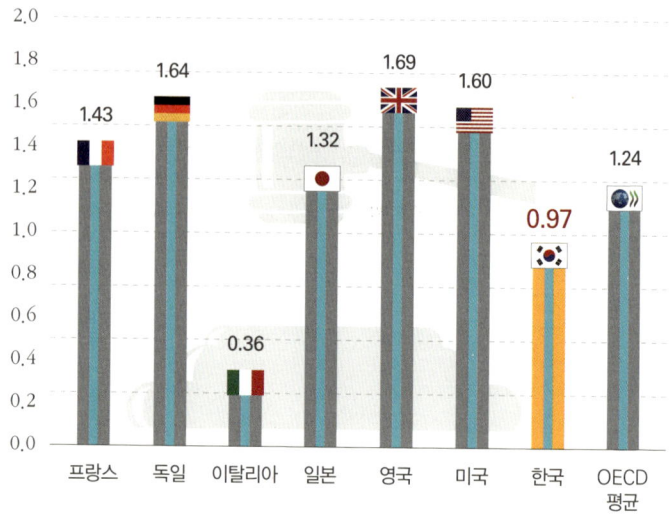

법치주의 수준 국제 비교(2013)

국가	수치
프랑스	1.43
독일	1.64
이탈리아	0.36
일본	1.32
영국	1.69
미국	1.60
한국	0.97
OECD 평균	1.24

자료: 세계은행

법이 잘 지켜지지 않으면 시장교환 과정에서 계약체결 및 집행비용을 높여 경제활동을 위축시킨다. 또한 정부 정책에 대한 불신과 사회갈등을 키우고 지하경제를 양산하는 계기가 된다. 한국이 명실상부한 선진국이 되려면 부패 척결과 법치주의 확립이 필수적이다.

065 정부에 대한 신뢰도는 23%에 불과

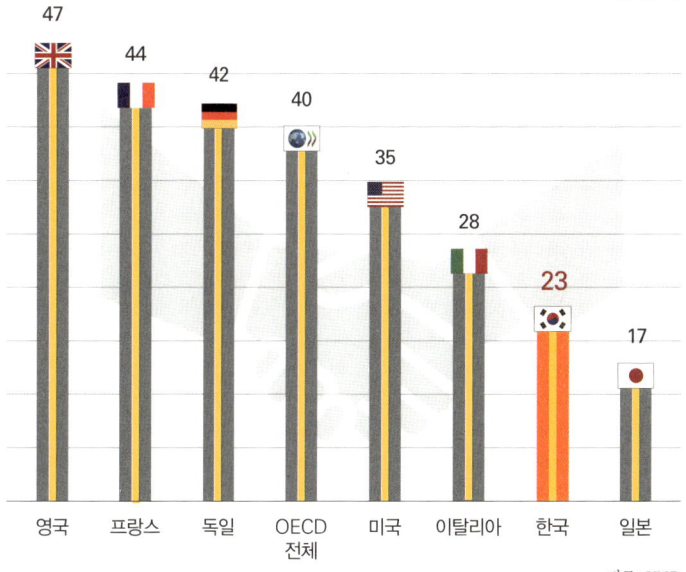

국가별 정부에 대한 신뢰도(2012)

(단위: %)

자료: OECD

정부에 대한 신뢰 또한 사회자본social capital의 중요한 구성요소이다. OECD에서 설문조사한 결과*에 의하면 우리나라 국민이 정부를 신뢰한다는 응답 비율은 23%로서 OECD 평균(40%)에 비해 매우 낮다. 20-50 국가만 보면, 일본의 17%보다는 높으나 이탈리아의 28%보다는 낮다.

---

* OECD(2012), Confidence in National Government: "In this country, do you have confidence in each of the following or not? How about national government?"

066 | 부패인식지수, OECD 34개국 중 27위

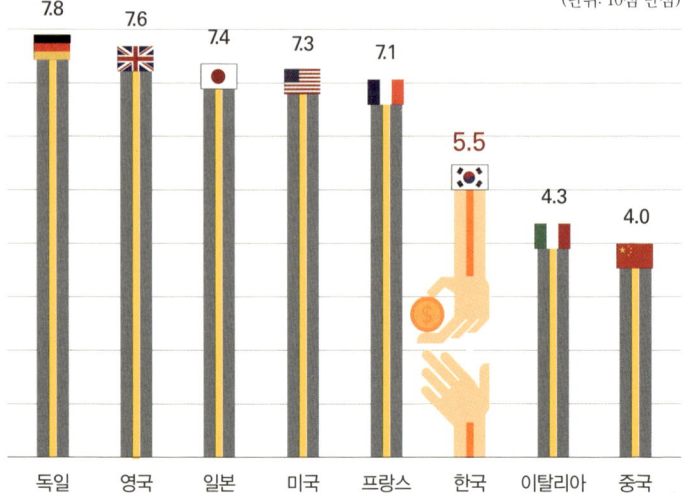

한국의 부패인식지수 연도별 추이

	2000	2002	2004	2006	2008	2010	2011	2012	2013
점수	4	4.5	4.5	5.1	5.6	5.4	5.4	5.6	5.5
조사 대상국	90	102	146	163	180	178	183	176	177
조사대상국 순위	48/90	40/102	47/146	42/163	40/180	39/178	43/183	45/176	46/177
OECD 회원국 순위	27/30	24/30	24/30	23/30	22/30	22/30	27/34	27/34	27/34

자료: 국제투명성기구
※ 10점 척도로 환산. 수치가 높을수록 부패인식이 높음.

2013년도 국제투명성기구Transparency International에서 평가한 부패인식지수 Corruption Perception Index를 보면, 한국은 OECD 34개 국가 중 27위이다. 20-50 국가 중 이탈리아 다음으로 최하위이다.

2부

기업에 대한 오해와 진실

1장

투자와 성장, 일자리

1
일자리 창출, 경제성장이 해법

경제가 성장해도 일자리가 늘지 않는다는 의미로 '고용 없는 성장'을 우려하는 목소리가 높지만 이는 지나친 과장이다. 경제가 성숙국면을 넘어서고 노동생산성이 높아지면서 일자리가 늘어나는 속도가 예전만 못할 수 있지만, 그럼에도 불구하고 일자리를 늘리는 가장 효과적인 방법은 여전히 경제성장이다. GDP가 1% 상승할 때 취업자가 몇 % 늘었는가를 나타내는 고용탄력성은 1980년대에 0.31이었으나 21세기 들어선 크게 하락했다가 2009년 글로벌 금융위기를 계기로 다시 상승세를 보이고 있다. 경제가 계속 침체되면 일자리 불안이 심화되고 소득분배가 악화될 수 있다. 따라서 일자리를 늘리고 사회의 버팀목인 중산층을 늘리려면 지속적인 경제성장이 필수적이다.

067 | '고용 없는 성장'은 지나친 과장

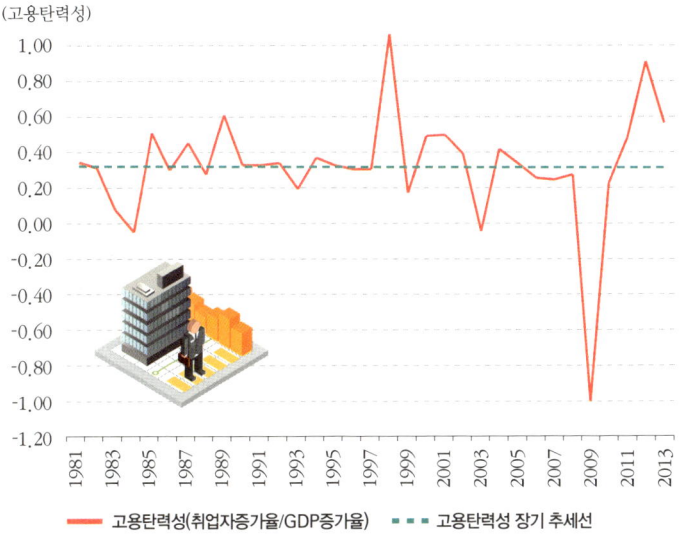

☑ 연도별 고용탄력성 및 장기 추세

― 고용탄력성(취업자증가율/GDP증가율)   --- 고용탄력성 장기 추세선

자료: GDP성장률 – 한국은행 2005년 기준 자료 | 취업자 – 통계청

경제성장에 따른 고용증대 효과를 살펴보는 지표로 흔히 고용탄력성 GDP elasticity of employment이 이용된다. 고용탄력성(취업자증가율/경제성장률)은 경제가 1% 성장할 때 취업자(고용)가 몇 % 증가하는가를 나타낸다. 1981년 이후 지금까지 고용탄력성의 변화를 보면, 장기적으로 약간 떨어지는 모양새를 보이고 있지만 통계적 유의성은 없다.

068 | 고용탄력성, 2000년대 후반 들어 반등

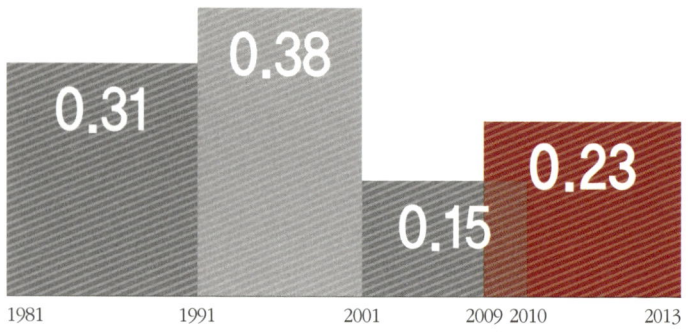

☑ 기간별 고용탄력성

자료: GDP성장률 – 한국은행 2005년 기준 자료 | 취업자 – 통계청

고용탄력성은 매년 변동폭이 크고 불안정해서 분석기간을 어떻게 설정하느냐에 따라 의미가 바뀔 수 있다. 예를 들어 1980년대(1981~1990) 고용탄력성은 평균 0.31에서, 90년대(1991~2000)에는 0.38로 높아졌다가 2000년대(2001~2010)에 들어서는 0.15로 크게 낮아졌다. 그러나 세계 금융위기 이후 고용탄력성이 크게 증가하면서 최근 5년(2009~2013) 동안 평균 0.23으로 다시 높아지고 있다. 일자리 창출이 미흡한 근본적 원인은 고용탄성치의 하락이 아니라 경제침체(저성장)에서 연유한다.

069 경제성장은 일자리 창출의 가장 효과적인 방법

✅ 노동수요 탄력성 추정 결과

(단위: %)

항목 구분	1980~2011	2000년 이후
임금 탄력성	-0.16	-0.08
대체 탄력성	0.40	0.19
산출 탄력성	**1.13**	**0.56**

출처: 조경엽·오태연(2012)

🔍

　　임금, 자본의 상대가격, 생산량의 고용 기여도를 나눠보면 임금이 1% 상승할 때, 고용은 0.16% 감소한다. 자본비용이 1% 증가할 때 고용은 0.40% 상승하며, 생산량이 1% 증가하면 고용은 1.13% 증가한다. 고용탄력성을 이용한 분석과 달리 노동수요 함수에 기반한 조경엽·오태연(2012) 연구에서는 노동수요 탄력성이 2000년대 이후 절반 정도 감소한 것으로 나타난다. 노동수요 탄력성은 전반적으로 감소했어도 여전히 생산량 증대의 고용 유발효과가 가장 크다. 일자리를 늘리려면 경제성장만 한 게 없다는 의미다.

070 | 경제성장은 소득분배 개선에 기여

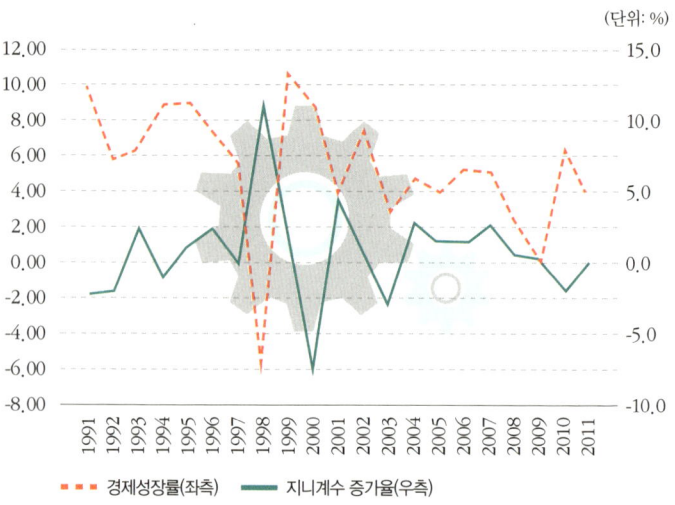

☑ 1990년 이후 경제성장률과 지니계수 변동율 추이

(단위: %)

― ― 경제성장률(좌측)   ── 지니계수 증가율(우측)

자료: 변양규·김창배(2013)

🔍 소득분배 불균등도를 나타내는 지니계수의 증가율과 경제성장률은 비교적 높은 마이너스 상관관계(-0.60)를 보인다. 성장률이 오르면 소득분배가 개선되고, 성장률이 떨어지면 소득 분배가 악화된다는 의미이다. 소득분배의 악화, 즉 지니계수의 상승을 막으려면 지속적인 경제성장이 필요하다.

2

기업의 투자가 경제성장을 이끈다

투자가 경제성장을 이끈다는 것은 익히 알려진 사실이다. 지난 20년 동안 한국경제의 성장률과 설비투자 증가율은 약 80% 높은 상관성을 보이고 있다. 경제가 성숙단계에 접어들면서 총투자율은 점차 하락하는 추세지만 한국의 총투자율은 여전히 OECD 국가 중 가장 높다.

투자의 주역은 기업이다. GDP 대비 기업부문 총투자 비중은 한국이 19.6%로 일본(13.9%), 독일(9.9%), 미국(7.8%) 등 경쟁국보다 높다. 그러나 국내 기업이 해외에서 투자하는 것에 비해, 한국에서 외국인이 투자하는 것은 매우 낮은 수준이다(83쪽 045 참조). 앞으로 외국 기업들이 한국에 더 많이 투자할 수 있도록 투자환경을 개선할 필요가 있다.

071 | 투자율과 성장률은 높은 정비례 관계

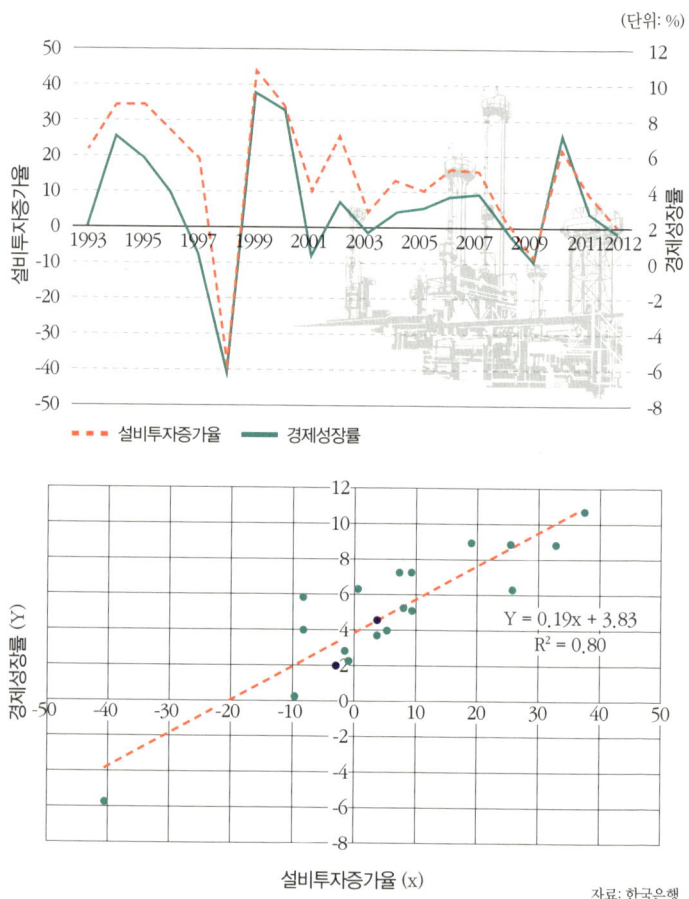

설비투자 증가율과 경제성장률의 관계

(단위: %)

자료: 한국은행

지난 20년(1993~2012) 동안 설비투자 증가율과 경제성장률은 약 80% 정도의 높은 상관성을 보였다. 설비투자 증가율이 높아지면 경제성장률이 높아지고, 설비투자율이 감소하면 경제성장률도 감소했다. 경제성장을 하려면 기업의 적극적인 투자가 필수적이라는 의미이다.

072 | 국내 투자율은 장기적으로 하락 추세

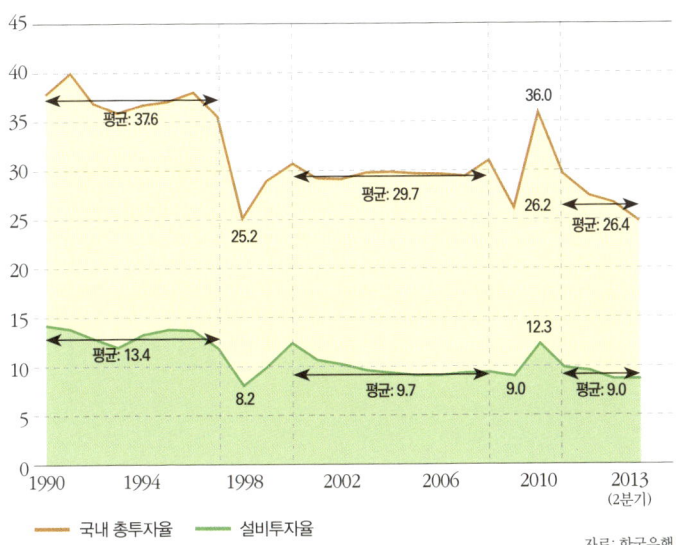

국내 총투자율(총자본형성/국민총처분가능소득)은 IMF 외환위기 이전까지 37.6%에 이르렀다. 그 이후부터 세계 금융위기 이전까지는 29.7%, 그리고 세계 금융위기 이후에는 평균 26.4%로 하락했다. 같은 기간 중 설비투자율(설비투자/국민총처분가능소득)은 평균 13.4%에서 9.7%로, 그리고 9.0%로 하락했다.

073 | 총투자율은 여전히 OECD 중 최고

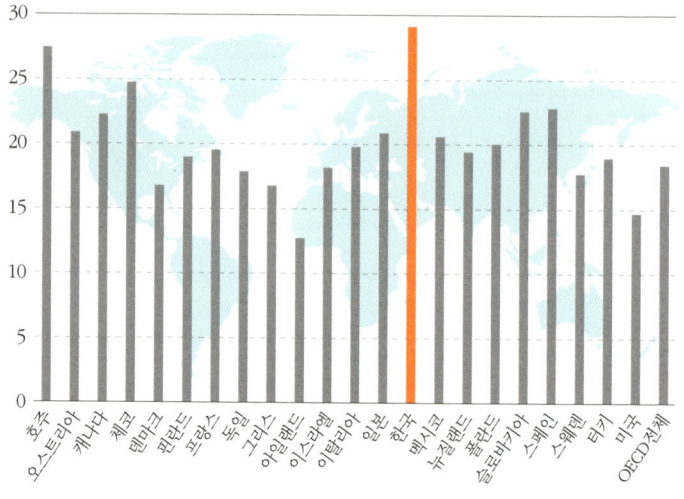

☑ 총고정자본형성/GDP 비중의 OECD 국가 비교(2010)

(단위: %)

자료: OECD

🔍
경제 규모가 확대되고 경제가 성숙해지는 단계에 접어들면서 국내 총투자율은 점차 감소하는 모양새다. 그러나 OECD 국가와 비교하면, 한국의 총투자율은 아직도 가장 높은 수준이다.

074 | 기업의 총고정자본형성 기여도 지속적 상승

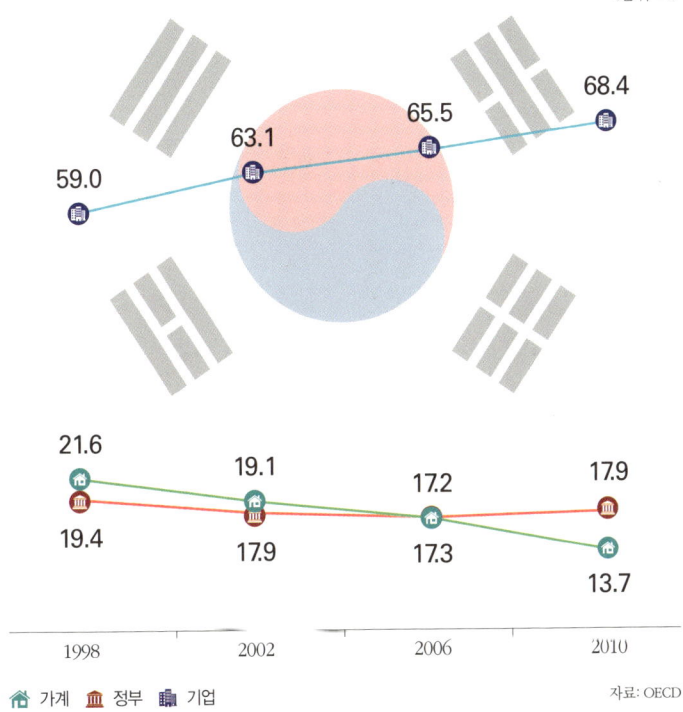

총고정자본형성에서 기업, 정부, 가계의 비중

(단위: %)

자료: OECD

투자의 주역은 기업이다. 우리나라 총고정자본형성 중 정부가 기여한 비중은 1998년 19.4%에서 2010년 17.9%로 감소하였다. 가계의 비중은 같은 기간 중 21.6%에서 13.7%로 더욱 감소하였다. 그러나 기업의 비중은 1998년 59.0%, 2002년 63.1%, 2006년 65.5%, 2010년 68.4%로 꾸준히 증가하였다.

075 | 기업의 투자활동은 OECD 국가 중 최고 수준

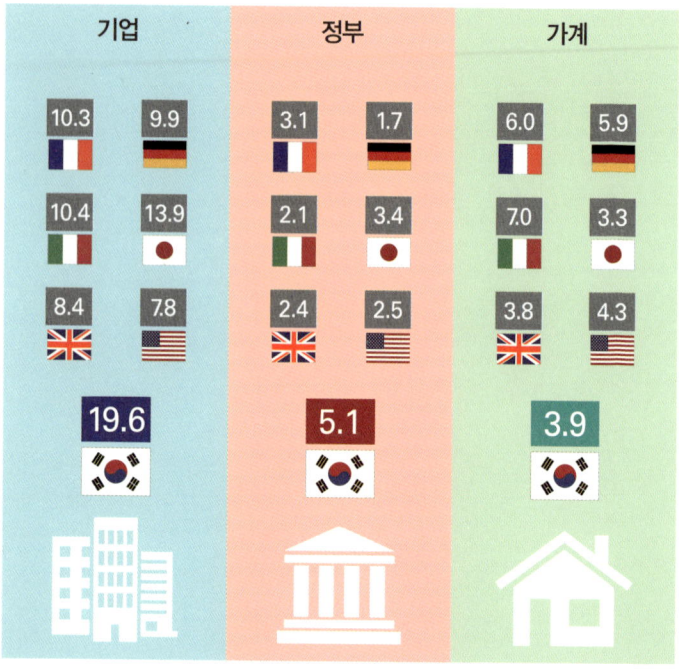

✓ GDP 대비 경제 주체별 총고정자본형성의 비중(2010)

(단위: %)

한국 기업의 투자활동은 OECD 국가 중 가장 활발한 편이다. GDP 대비 기업부문의 총고정자본형성 비중은 한국이 19.6%로 20-50 국가 중에서 가장 높다. 한국 다음으로 기업의 총투자 비중이 10%를 넘는 나라는 일본(13.9%), 이탈리아(10.4%), 프랑스(10.3%)뿐이다.

076 | 사내유보금의 80% 이상은 이미 투자되어 있는 상태

✅ 사내유보금의 투자 비중

(단위: %)

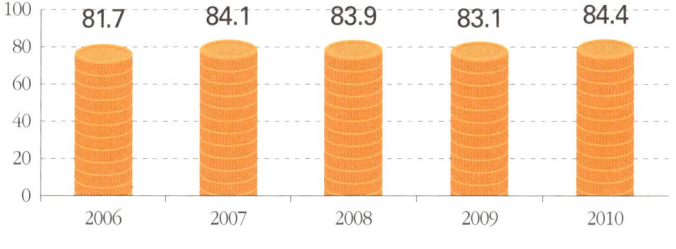

자료: 전국경제인연합회

✅ 국가별 기업의 현금성 자산 비중(2010)

(단위: %)

15.7	14.7	14.2	12.0	11.4	10.2
중국	미국	일본	독일	프랑스	한국

자료: LG경제연구원

'사내유보금'에 대해 이러저러한 오해들이 많다. 기업들이 벌어들인 이익을 과도하게 사내에 유보해놓고 투자하지 않는다는 비판이 대표적인 경우이다. 용어 때문에 생긴 혼란인 듯하다. 사내유보금은 이익 중 주주배당 등으로 나가지 않고 사내에 유보된 잉여금이다. 이 잉여금이 다른 형태의 자산으로 재투자되어도 회계원칙상 사내유보금으로 분류된다. 2010년도 상장회사의 경우 사내유보금 중 84.4%는 이미 유형자산, 재고자산, 무형자산의 형태로 투자되어 있다. LG경제연구원에 따르면, 우리나라 상장기업의 현금성 자산 비중은 자산 대비 10.2% 정도이다. 이 수치는 중국(15.7%), 미국(14.7%), 일본(14.2%) 등 경쟁국에 비해 낮은 수준이다.

3
미래 먹거리를 위한 연구개발 투자

R&D(연구개발) 투자는 신성장동력과 미래 세대의 먹거리 확보를 위해 필수적이다. 경제가 어려운 와중에도 한국의 기업들은 연구개발 투자를 꾸준히 늘려왔다. 그 결과 2011년도 기준으로 연구개발 총투자 규모는 세계 6위, GDP 대비 비중은 4.03%로 세계 2위를 차지한다. 연구개발 전담 부서를 둔 기업의 수도 3만 개가 넘는다. 그러나 연구개발 투자의 상당 부문이 글로벌 경쟁력을 갖춘 일부 제조 대기업에 집중되어 있다. 중소기업 부문과 서비스부문을 포함하여 산업 전반에 R&D 투자가 더욱 확산되어야 한다.

077 | GDP 대비 R&D 투자, 세계 2위로 부상

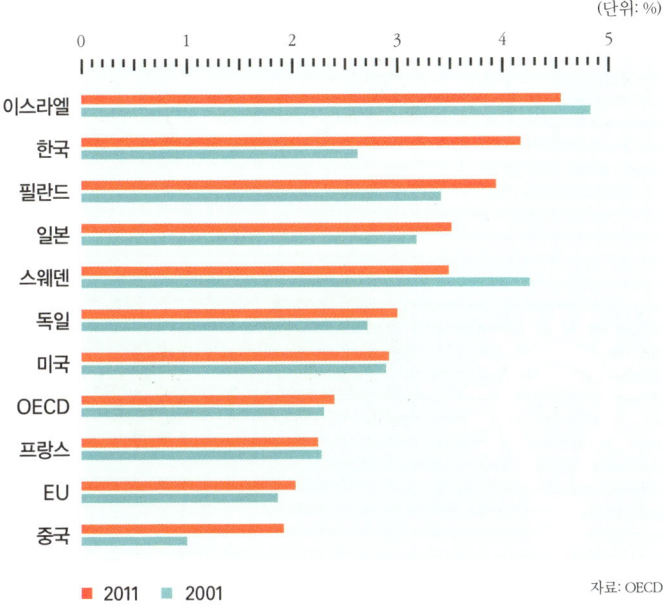

연구개발활동, R&D 투자는 신성장동력을 확보하고 미래 세대를 위해 필수적인 투자이다. 2008년 세계 금융위기 이후 경제가 어려웠지만 우리나라는 연구개발 투자를 꾸준하게 늘려왔다.

그 결과 2011년 기준 우리나라의 총 R&D 투자 규모는 49조 8,904억 원으로 세계 6위이며, GDP 대비 R&D 투자 비중은 4.03%로 세계 2위를 차지한다.

078 | 선진국에 비해 기업 R&D 투자 비중이 높다

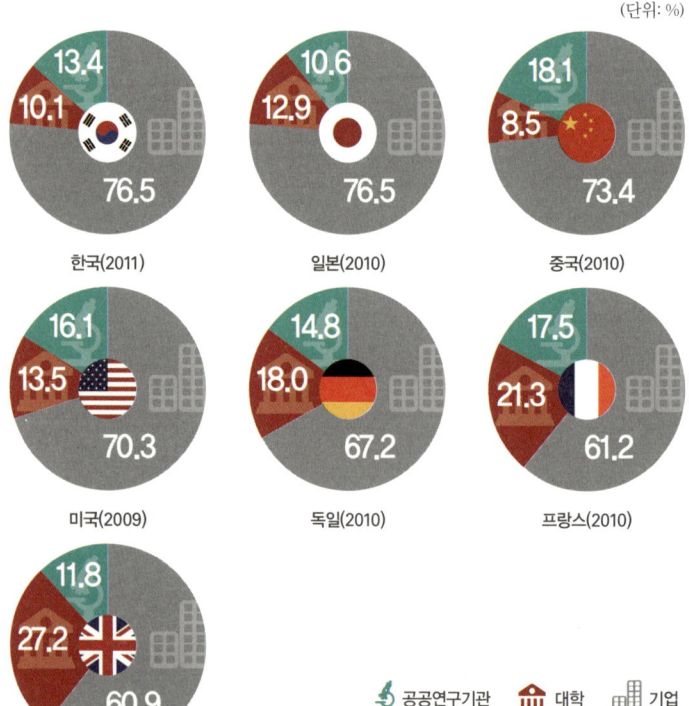

세계 주요국 연구수행 주체별 R&D 투자 비중 (단위: %)

한국(2011): 13.4 / 10.1 / 76.5
일본(2010): 10.6 / 12.9 / 76.5
중국(2010): 18.1 / 8.5 / 73.4
미국(2009): 16.1 / 13.5 / 70.3
독일(2010): 14.8 / 18.0 / 67.2
프랑스(2010): 17.5 / 21.3 / 61.2
영국(2010): 11.8 / 27.2 / 60.9

공공연구기관 / 대학 / 기업

자료: OECD

R&D 투자의 주역 또한 기업이다. 우리나라 기업 R&D는 국가 R&D 투자 총액의 3/4 이상을 차지한다. 기업부문의 R&D 투자는 최근 10년간 연평균 12.7% 증가하였으며 국가 R&D 투자총액이 차지하는 비중도 계속 증가하여 2011년 기준, 76.5%에 이른다.

20-50 국가 중에서 기업의 R&D 투자 비중은 한국이 일본과 함께 가장 높다. 그 다음으로 중국(73.4%), 미국(70.3%), 독일(67.2%), 프랑스(61.2%), 영국(60.9%) 순서를 보인다.

079 | 서비스업의 R&D 투자는 미흡

☑ 제조업과 서비스업의 R&D 집중도 비교

(단위: %)

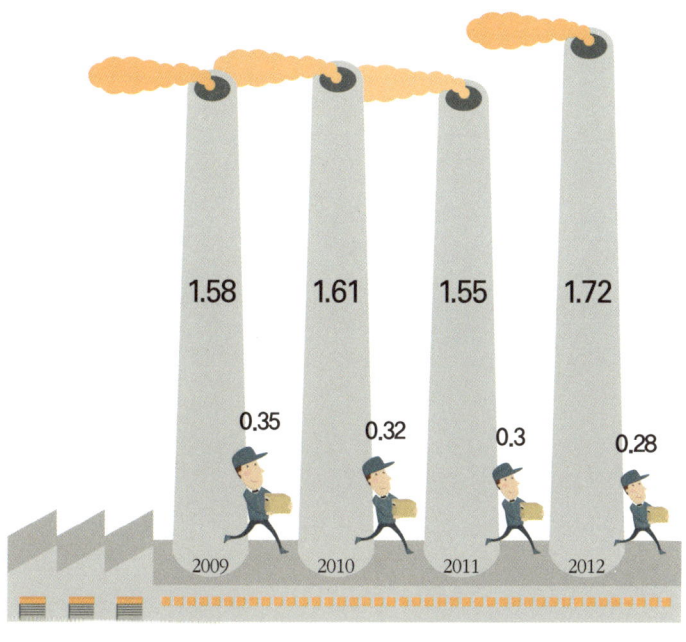

자료: 한국은행

　　GDP 대비 R&D 투자 비중은 세계 2위이나 연구개발활동이 전 산업에 확산되지 않고 제조업 내 일부 산업에 편중된 현상은 개선되어야 할 부분이다. 특히 제조업의 R&D 집중도(연구개발총액/ 매출총액)는 매년 증가하여 1.72%에 이르는 반면에 서비스업의 R&D 집중도는 매년 감소하여 0.28%의 낮은 수준을 보이고 있다.

080 | OECD 국가 중 서비스업 R&D 투자 비중 낮은 편

☑ 제조업과 서비스업의 R&D 투자 비중 국제 비교

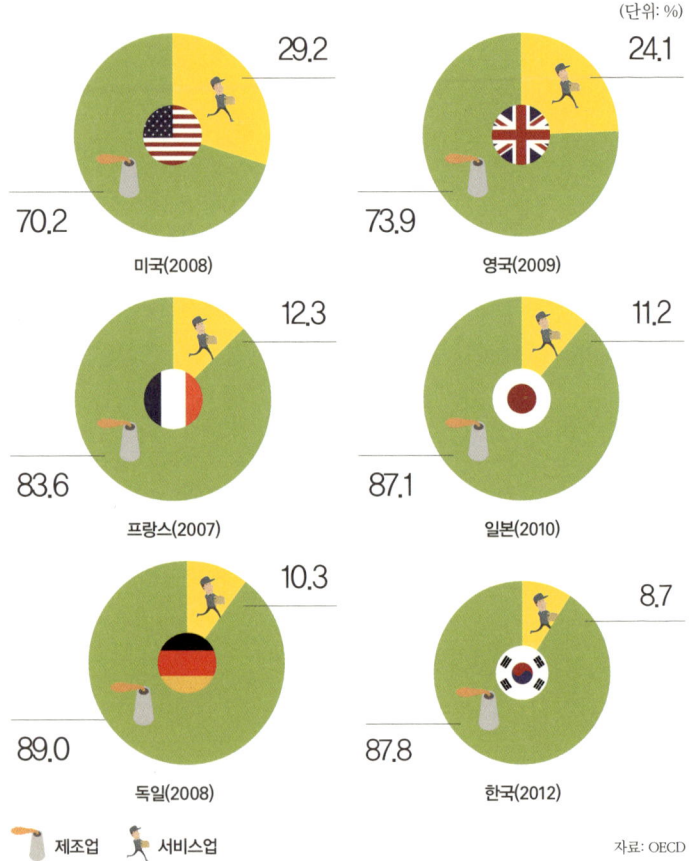

(단위: %)

- 미국(2008): 70.2 / 29.2
- 영국(2009): 73.9 / 24.1
- 프랑스(2007): 83.6 / 12.3
- 일본(2010): 87.1 / 11.2
- 독일(2008): 89.0 / 10.3
- 한국(2012): 87.8 / 8.7

제조업 / 서비스업

자료: OECD

🔍 국가 R&D 총액 중에서 서비스업 R&D 비중은 20-50 국가 중에서 한국이 가장 낮은 수준이다. 미국은 서비스업분야의 R&D 투자 비중이 거의 30%에 이르는 반면에 한국은 9%에도 이르지 못하고 있다.

081 | 대기업이 중소기업보다 R&D 투자 많이 해

✅ 대기업과 중소기업의 R&D 집중도 비교(제조업부문)

(단위: %)

제조업 대기업	연도	제조업 중소기업
1.82	2009	1.06
1.84	2010	1.07
1.74	2011	1.09
1.93	2012	1.13

자료: 한국은행

　제조업 내에서도 대기업과 중소기업의 연구개발 집중도에 차이가 있다. 2009년 이후 중소기업의 R&D 투자가 점차 증가하고 있어 긍정적이다. 그러나 대기업과 비교하여 그 격차가 좁혀지지 않고 지속되고 있는 것은 앞으로 개선되어야 할 사안이다.

※ 매출액 대비 연구개발 투자액 비중은 대기업 1.93%, 중소기업 1.13%

1장 투자와 성장, 일자리

2장

경제력집중

1
오해 소지 많은 경제력집중 지표

통계를 만들 때 반드시 지켜야 하는 원칙 중 하나는 '비교되는 변수의 특성과 조건이 같아야 한다'는 것이다. 이 원칙에서 벗어난 통계는 사람들에게 그릇된 정보를 전달하고 잘못된 선입견을 갖게 만든다. 경제력집중에 대한 통계가 이 경우에 해당한다. 흔히 몇몇 대기업집단의 매출총액이 GDP에서 차지하는 비중을 가지고 '경제력집중'이라 판단하곤 한다. '30대 기업집단의 매출총액이 GDP 규모에 육박할 만큼 경제력집중이 심각하다'는 통계결과 등이 바로 그런 예이다. 그러나 GDP는 국내에서 생산된 부가가치의 합계이다. 이를 거래단계별 생산비용을 중복 계상하는 매출총계와 비교하는 것은 방법론상 옳지 않다. 계산상의 편리함 때문에 이러한 오염지표를 굳이 사용해야 한다면, 최소한 다른 나라의 경우와 비교형량하여 객관적으로 판단해야 한다.

082 | 계열사 수, 경제력집중의 척도로 부적합

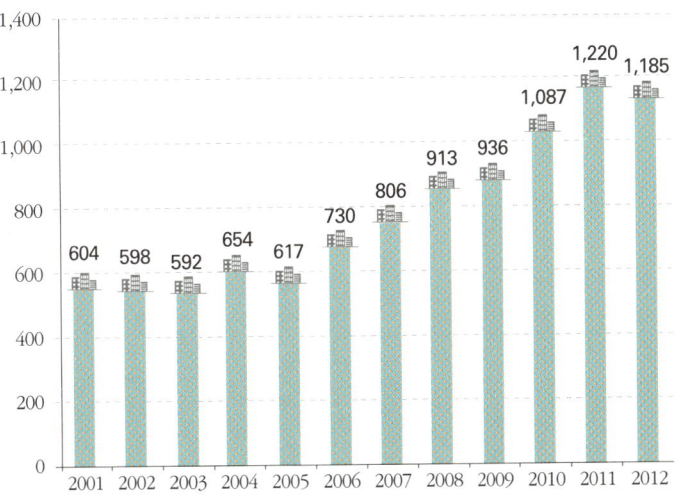

✅ 30대 기업집단의 연도별 계열사 변화 추이

(단위: 개)

자료: 공정거래위원회

계열사 숫자가 늘면 경제력집중이 심해지는가? 그럴 수도 있고 아닐 수도 있다. 차림표의 종류가 많은 종합식당이 전문식당보다 반드시 외형이 크다고 할 수 없는 것과 같은 이치이다. 신규 사업을 할 때, 별도의 법인을 세울지 아니면 회사 안에 사업부로 대체할지는 경영상 판단 사안일 뿐, 경제력집중과 직접적 관련은 없다.

2장 경제력집중

083 | GDP 대비 매출총액 비중은 경제력집중 척도가 아니다

☑ 30대 기업집단 매출집중도

(단위: %)

연도	GDP 대비(A)	산업 매출총계 대비(B)	편의(A-B)
2001	57.3	35.7	21.6
2003	46.5	28.3	18.2
2005	58.2	31.2	27.0
2007	62.3	32.6	29.7
2009	78.2	34.8	43.4
2010	85.5	36.5	49.0
2011	97.5	39.0	58.5

자료: 황인학·최원락(2013)

30대 기업집단의 매출총액을 GDP와 비교하면, 2011년도 기준 97.5%에 이른다. 그러나 매출액과 GDP는 특성이 다르기 때문에 이 둘을 직접 비교하는 것은 통계를 작성할 때 기본원칙에 어긋난다.

비교하는 변수의 특성이 같도록 GDP 대신에 전 산업 매출총액을 기준으로 다시 계산하면 30대 기업집단의 비중은 이전에 비해 58.5% 포인트 낮은 39.0%가 된다.

그래도 어떤 이유로든 GDP 대비 비중 통계를 사용해야 한다면 같은 잣대로 다른 나라의 경우도 함께 살펴본 후에 판단하는 것이 바람직하다.

세계 주요국 최대기업의 매출총액이 GDP에서 차지하는 비중

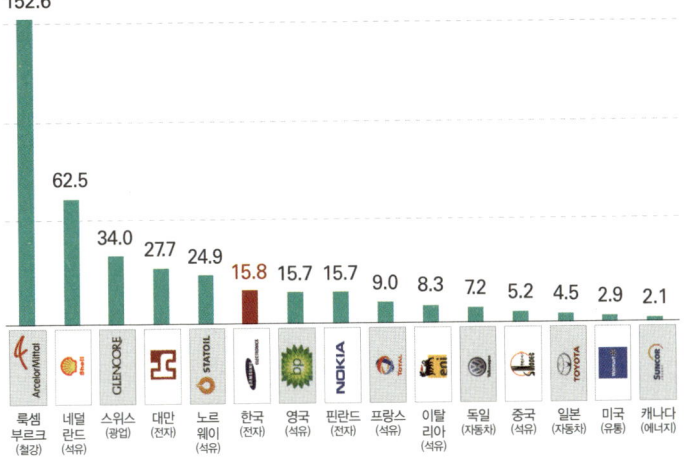

세계 주요국 10대 기업의 매출총액이 GDP에서 차지하는 비중

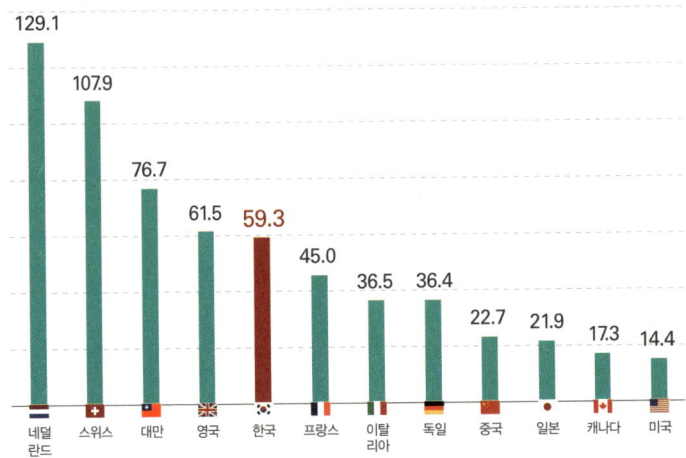

※ 2012년 기준

084 | GDP 대비 자산총액 비중도 경제력집중 척도가 아니다

☑ 30대 기업집단 자산집중도

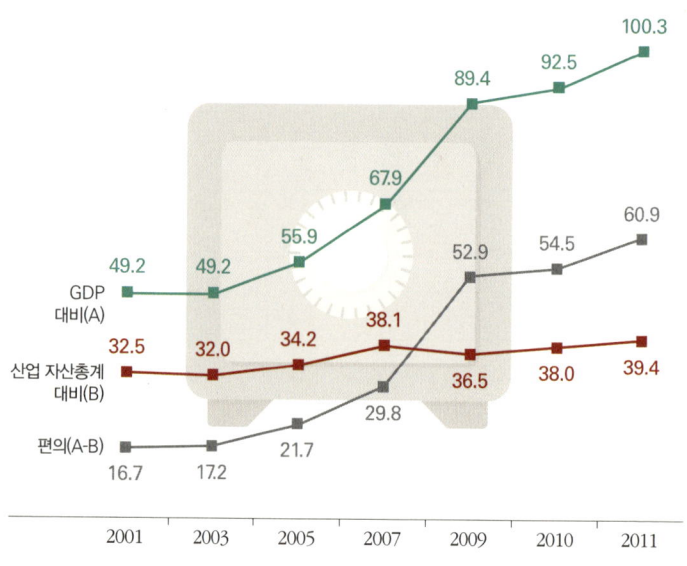

자료: 황인학·최원락(2013)

30대 기업집단의 자산총액을 GDP와 비교하면, 2003년도 49.2%에서 2011년도에는 100.3%로 급증한다. 그러나 자산총액과 GDP는 특성이 서로 다른 변수이다. 변수의 특성이 같도록 GDP 대신에 전 산업 자산총액을 기준으로 다시 계산하면, 2011년도 30대 기업집단의 비중은 39.4%로, 전에 비해 무려 60.9% 포인트 낮아진다.

세계 주요국 최대기업의 자산총액이 GDP에서 차지하는 비중

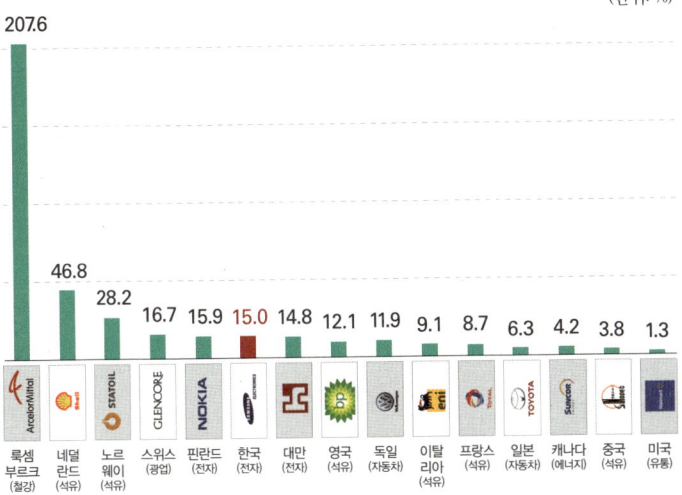

세계 주요국 10대 기업의 자산총액이 GDP에서 차지하는 비중

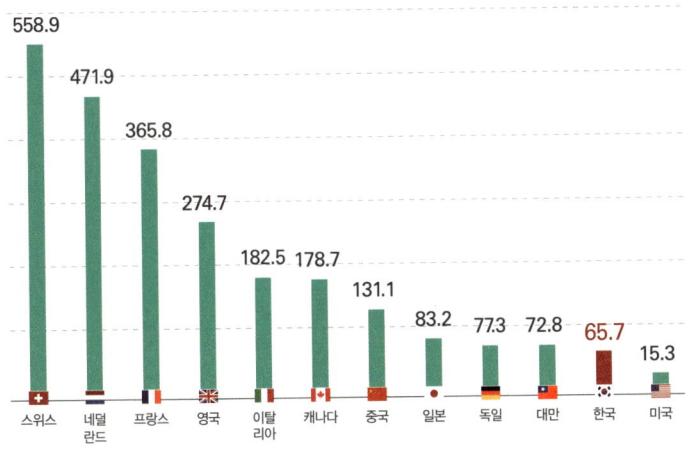

※ 2012년 기준

085 | 한국의 대기업, 세계 기준으로 봤을 때 규모는 작은 편

✅ 세계 500대 기업의 국가별 상대 규모(2012)

국가 \ 규모	기업 수	평균 매출액	평균 자산액	평균 직원 수
미국	132	118	199	214
영국	26	110	393	200
독일	32	127	274	258
일본	68	99	248	149
프랑스	32	122	375	290
한국	13	(100)	(100)	(100)
이탈리아	9	143	396	210
중국	73	101	221	392

자료: 포춘
※ 한국 기업=100

《포춘》이 500대 기업을 국가별로 분류한 상대적 규모를 살펴보면, 우리나라 기업은 글로벌 일류기업이라고 해도 다른 나라의 기업과 비교해서 자산액, 매출액, 종업원 수 등 모든 면에서 아직은 규모가 작은 수준이다. 기업당 평균 종업원 수는 중국이 가장 많고, 평균 자산액은 이탈리아와 영국이 가장 높은 반면에 평균 매출액에서는 상대적으로 격차가 적은 것으로 나타난다.

086 | 경제 재도약을 위해서는 글로벌 기업이 필요하다

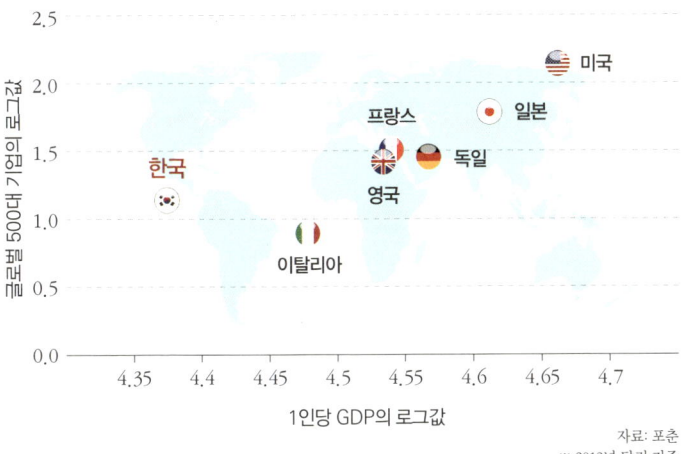

20-50 국가의 글로벌 기업 수와 국민소득의 관계

자료: 포춘
※ 2012년 달러 기준

글로벌 기업이 많아야 경제가 더 성장하고 국민소득이 늘어난다. 특히 중진국에서 선진국으로 도약하는 단계에서는 대기업의 비중이 더욱 중요하다. (109쪽 062번을 참조)

한국을 포함한 20-50 국가를 대상으로 《포춘》이 선정한 500대 기업의 국가별 숫자와 1인당 GDP의 관계를 살펴보면, 서로 정(+)의 관계를 보인다. 이는 세계 500대 기업의 숫자가 많은 나라일수록 그 나라의 1인당 GDP도 커진다는 의미다.

2

대·중소기업 간 양극화 논리의 실상

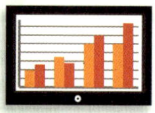

참여 정부는 당시 중소기업 보호정책의 가짓수는 많아도 중소기업의 역량과 체질을 강화하는 데에 한계가 있다면서 고유업종 제도를 폐지하는 등 개혁을 추진했다. 그로 인해 일부에서는 대기업과 중소기업의 영업이익률 격차가 더욱 확대되었으니 한편으로는 대기업 규제를 강화하고 다른 한편으로는 중소기업 보호·지원 시책의 강화가 필요하다고 말한다. 그러나 통계상으로 보면, 대·중소기업 양극화 논리는 근거 없는 예단豫斷이다.

대·중소기업 격차 문제의 본질은 이익률이 아니라 일자리의 질과 생산성 차이의 문제에서 살펴봐야 한다. 비정규직 근로자의 95%가 중소규모 기업에 종사하고 있는 반면, 이들이 받는 임금은 정규직의 53%에 불과하다. 중소기업의 현상 유지가 아니라 경쟁력 향상, 성장을 효과적으로 지원하는 정책이 필요하다.

087 | 대·중소기업 간 영업이익률 격차가 계속 확대되는가?

✅ 전산업 기준 기업규모별 매출액 영업이익률의 변화 추이

(단위: %)

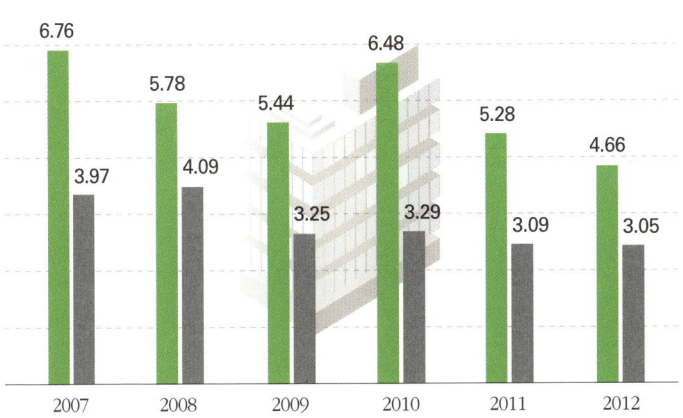

자료: 한국은행

■ 전산업 대기업   ■ 전산업 중소기업

🔍

　한국은행 기업경영분석 자료에 의하면 제조업과 서비스업을 포함한 전산업부문에서 대기업과 중소기업 모두 2010년 이후 영업이익률이 하락했다. 전산업부문에서 대·중소기업 간 영업이익률 격차는 2010년도 3.2% 포인트로 가장 큰 차이를 기록한 후 점차 낮아졌다. 2012년도에 양자의 차이는 1.6% 포인트로 떨어져 부문 통계가 작성되기 시작한 2007년 이후 가장 낮은 차이를 보인다.

088 | 제조업부문, 대·중소기업 간 영업이익률 변화 추이

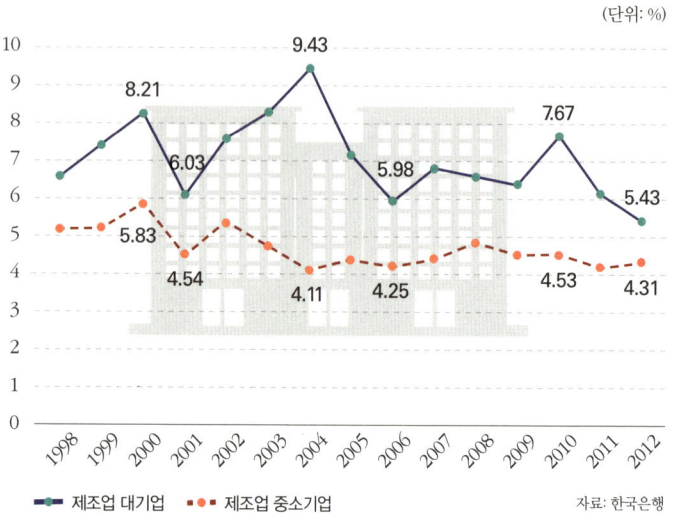

☑ 제조업 기준 기업규모별 영업이익률의 변화 추이

(단위: %)

자료: 한국은행

제조업부문에서 대·중소기업 간 영업이익률 격차는 2004년에 5.3% 포인트로 가장 높았고, 2010년도 3.1% 포인트 차이로 그 뒤를 이은 뒤 2011년 1.9% 포인트, 2012년 1.1% 포인트로 점차 하락했다. 2012년의 1.1% 포인트 차이는 최근 10년 동안 가장 낮은 수치이다.

기업경영분석 통계 중 영업이익률 관련 기간별 평균 격차

(단위: %)

	전산업			제조업			서비스업
	대기업	중소기업	종합	대기업	중소기업	종합	종합
1998				6.53	5.15	6.11	
1999				7.38	5.23	6.62	
2000				8.21	5.83	7.4	
2001				6.03	4.54	5.52	
2002			5.73	7.54	5.29	6.74	4.07
2003			6.39	8.16	4.64	6.87	5.33
2004			6.75	9.43	4.11	7.56	5.48
2005			5.86	7.16	4.36	6.12	4.99
2006			5.24	5.98	4.25	5.34	4.64
2007	6.76	3.97	5.43	6.82	4.41	5.87	4.64
2008	5.78	4.09	5	6.58	4.82	5.89	4.54
2006	5.44	3.25	4.61	6.43	4.49	5.83	3.28
2010	6.48	3.29	5.3	7.67	4.53	6.72	4.16
2011	5.28	3.09	4.49	6.13	4.21	5.57	3.81
2012	4.66	3.05	4.11	5.43	4.31	5.13	3.46

자료: 한국은행

089 | 이익률 격차보다 일자리의 질과 생산성 격차가 더 문제

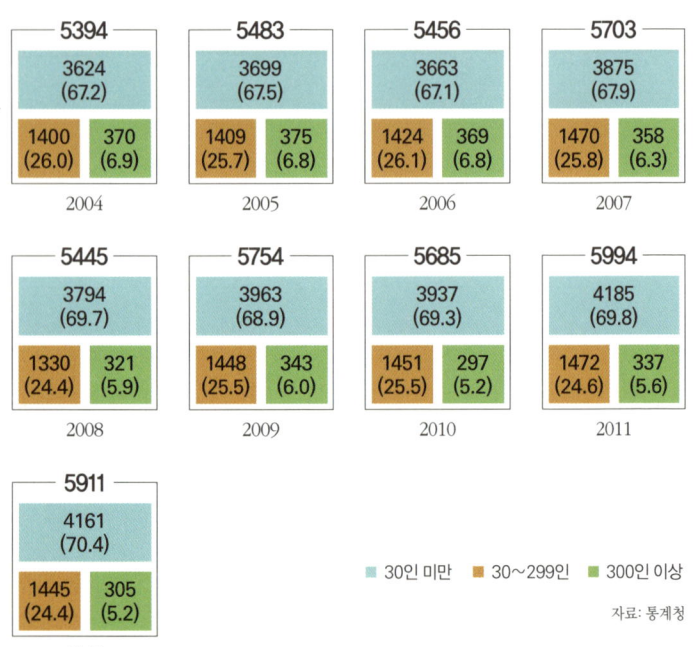

사업체 규모별 비정규직 분포 (단위: 1,000명, %)

자료: 통계청

비정규직의 숫자는 2012년 8월 현재 총 591.1만 명이다. 종업원 300인 이상의 대기업에 다니는 비정규직은 5.2%이다. 나머지 94.5%는 중소 사업에서 일하고 있다. 비정규직은 소규모 업체에 집중되어 있다.

종업원 30인 미만의 업체에 다니는 비정규직의 비중은 2004년 67.2%에서 매년 증가하여 2012년에는 70.4%로 증가하였다. 300인 이상 대기업체에 다니는 비정규직의 비중은 2004년도 6.9%에서 2012년도 5.2%로 감소하였다.

090 자동차기업의 낙수효과 사례

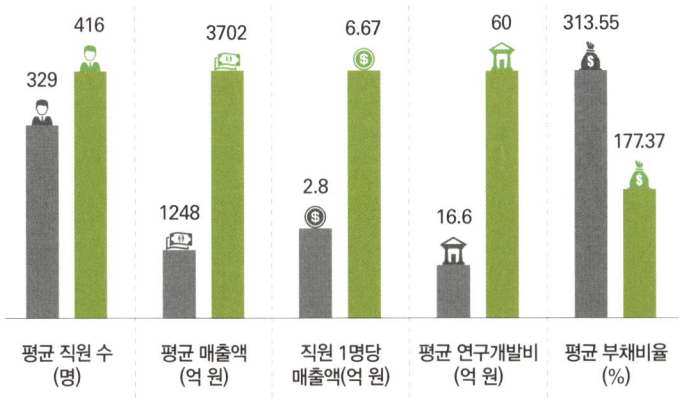

현대기아차 1차 협력사의 실적 및 경영 여건 변화

	2003년	2012년
평균 직원 수 (명)	329	416
평균 매출액 (억 원)	1248	3702
직원 1명당 매출액 (억 원)	2.8	6.67
평균 연구개발비 (억 원)	16.6	60
평균 부채비율 (%)	313.55	177.37

자료: 조준모(2013)
※ 현대기아차 1차 협력사 250개사 기준임

연결의 경제, 네트워크 경쟁력이 중요한 의미를 갖는 경쟁 환경에서는 모기업과 협력업체와의 공진共進과 동반성장이 필수적이다. 협력업체는 부품과 중간재를 납품하고, 모기업은 최종 완성품을 제작·판매해야 하므로 관계상 어느 쪽이든 일방적인 지위남용은 장기적 이익 실현에 도움이 되지 않는다.

조준모의 연구(2013)에 의하면 현대기아차그룹이 지난 10년 새 자동차 판매량이 약 3배 증가하면서 생긴 과실이 250개 협력사의 성장으로 이어졌다고 한다. 협력사의 평균 매출액은 지난 10년 동안 약 3배(1,248억 원→3,702억 원) 늘었고, 연구개발 투자액도 약 3.6배(16.6억 원→60억 원) 늘었으며, 재무건전성은 크게 개선되어 2002년 313.55%에 달했던 협력사의 평균 부채비율은 2012년 177.37%로 하락했다.

091 중소기업 지원·보호, 가짓수 많아도 효과가 문제

☑ 세계 주요국 GDP 대비 중소기업 정책금융의 비중

(단위: %, 달러)

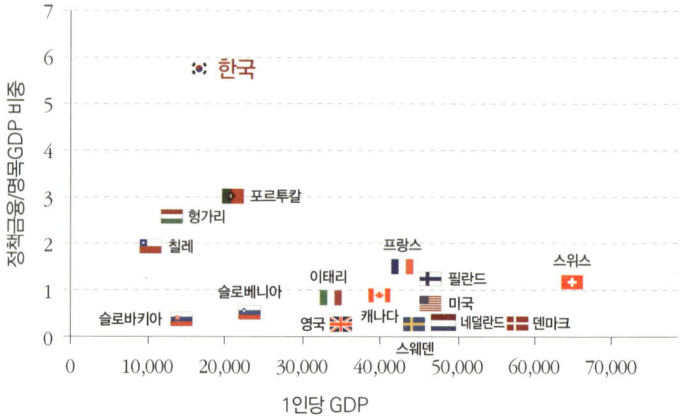

자료: 손상호, 김동환(2013)

2011년 6월 13일, 대한상공회의소 중견기업위원회에서 "중견기업이 되면 중소기업 때 받던 지원 혜택 160개가 사라지고 대기업 규제만 늘어난다. 누가 중견기업을 하겠느냐?"라는 말이 나왔다. 이는 우리나라 중소기업 정책의 딜레마를 압축해서 설명한다.

우리나라는 중소기업을 육성하기 위해 세제, 금융, 입지, 규제, 판로 지원 등 다방면에서 가장 많은 보호와 지원 혜택을 주는 나라 중의 하나이다. GDP 대비 중소기업 정책금융의 비중도 한국이 가장 높다. 중소기업을 벗어나 성장을 해도 정책상 불이익을 받지 않아야 좀 더 많은 중소기업이 중견, 대기업으로 성장하려고 할 것이다.

기업의 사회적 책임과 반기업 정서

1

일자리 창출과 납세, 그리고 사회공헌

기업은 자연인과 똑같이 계약권, 재산권을 법적으로 인정받은 법인法人이므로 기업시민으로서 사회적 책무를 다해야 한다. 기업의 사회적 책임은 흔히들 경제적·법률적·윤리적·사회공헌 활동으로 구분하여 평가한다. 이 장에서는 일자리 창출, 법인소득세 납부, 사회공헌지출 세 측면에서 살펴보았다.

지난 10년간 전체 임금근로자 중에 30대 기업집단 종사자의 비중은 5.1%에서 7.0%로 증가했다. 대기업집단의 일자리 증가율이 사회 전체의 일자리 증가율보다 높았기 때문이다. 조세와 관련한 한국의 법인세율은 OECD 평균치보다 낮지만 총 조세 중에서 법인세가 차지하는 비중은 OECD 국가 중 3위로 매우 높은 편이다. 또한 한국 대기업의 사회공헌지출은 매출액 대비 0.23%로 일본의 0.14%보다 높다. 그러나 이런 수치와 관계없이 한국의 반反기업 정서는 다른 나라보다 높다는 점에 유념할 필요가 있다.

092 | 30대 기업집단의 일자리 창출

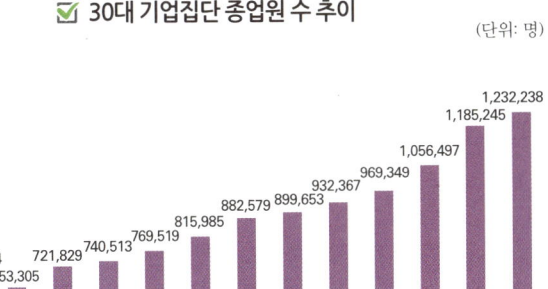

30대 기업집단 종업원 수 추이 (단위: 명)

연도	종업원 수
2000	698,904
2001	653,305
2002	721,829
2003	740,513
2004	769,519
2005	815,985
2006	882,579
2007	899,653
2008	932,367
2009	969,349
2010	1,056,497
2011	1,185,245
2012	1,232,238

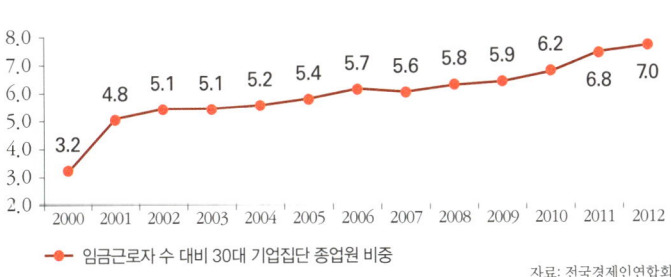

30대 기업집단 종업원 비중 추이 (단위: %)

연도	임금근로자 수 대비 30대 기업집단 종업원 비중
2000	3.2
2001	4.8
2002	5.1
2003	5.1
2004	5.2
2005	5.4
2006	5.7
2007	5.6
2008	5.8
2009	5.9
2010	6.2
2011	6.8
2012	7.0

자료: 전국경제인연합회

기업이 사회에 기여하는 것 중에서 가장 중요하고 근본적인 것은 일자리 창출이다. 박근혜 정부에서 현재 64% 정도인 고용률(취업자 수/생산가능인구)을 70%까지 올리겠다고 한 것도 일자리가 그만큼 중요하기 때문이다.

전국경제인연합회 자료(2013.9)에 의하면, 30대 기업집단에서 일하는 근로자는 2000년 69만 9,000여 명에서 2012년 123만 2,000여 명으로 늘었다. 같은 기간 중 연평균 증가율은 4.8%로 전체 임금근로자의 증가율 2.4%보다 2배가량 높았다. 그 결과, 전체 임금근로자 중에서 30대 기업집단이 차지하는 비중은 2012년에 7.0%까지 상승했다.

093 | 국세 통계에서 차지하는 법인세

☑ 한국의 국세 대비 법인세 비중

(단위: %)

주요 수치: 16.9, 12.4, 23.4, 21.6

자료: 한국은행

　기업은 이윤을 창출하여 그 일부를 국가에 세금으로 납부함으로써 안보, 치안, 복지 등에 필요한 정부의 재정지출을 뒷받침한다. 우리나라 기업들이 법인세로 납부하는 금액이 총 국세에서 차지하는 비중은 2003년 이후 줄곧 20%를 상회하고 있다.

2012년 국세 구성

(단위: %)

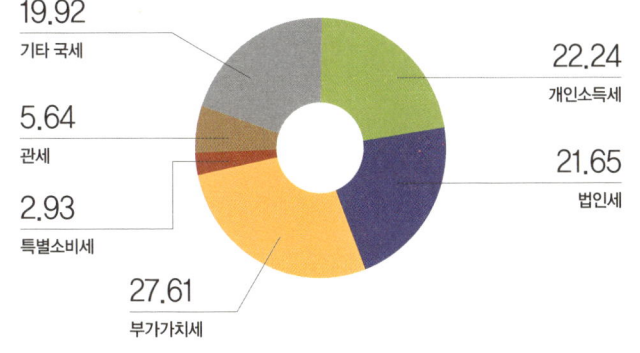

- 19.92 기타 국세
- 5.64 관세
- 2.93 특별소비세
- 27.61 부가가치세
- 22.24 개인소득세
- 21.65 법인세

연도별 국세 구성의 변화

(단위: %)

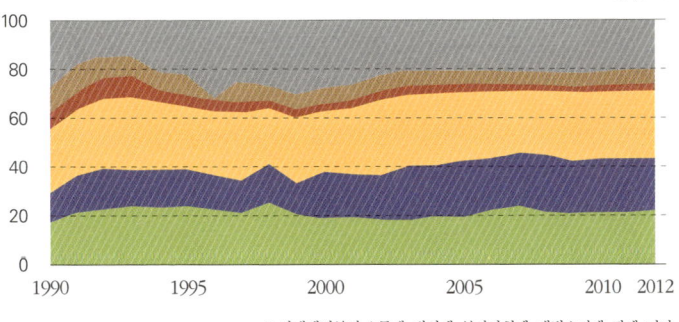

※ 아래에서부터 소득세, 법인세, 부가가치세, 개별소비세, 관세, 기타

❖ 2012년 우리나라 국세 구성을 보면, 부가가치세가 27.6%, 개인소득세 22.2%, 법인세 21.7%의 순서로 비중이 높다.
❖ 법인세 비중은 1990년대에는 15% 내외였으나 2003년 이후 20%를 상회한다.

094 | 법인세 비중은 OECD 평균 크게 상회

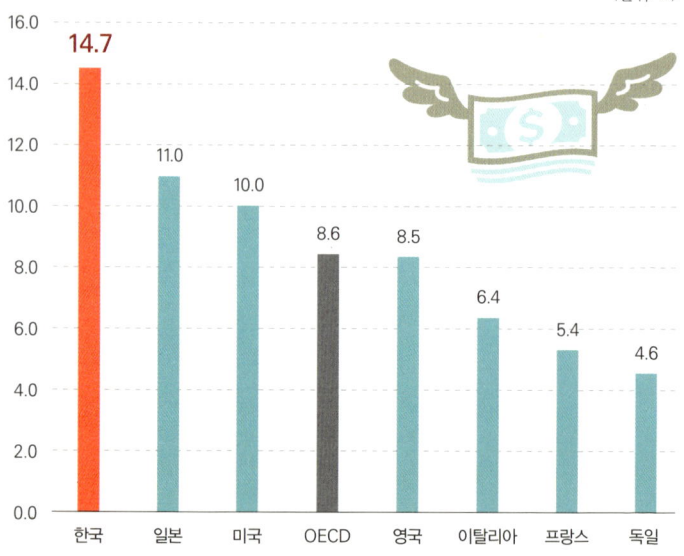

☑ 총 조세 대비 법인세 비중

(단위: %)

자료: OECD
※ 기준년도 2009~2012년 평균치

한국의 법인세율은 2012년 기준으로 22%로 OECD 평균에 비해 낮은 수준이다. 하지만 총 조세 중에서 법인세가 차지하는 비중은 14.7%로 OECD 국가 중 노르웨이, 호주 다음으로 매우 높은 편이며, 20-50 국가 중에는 한국이 가장 높은 수준이다. 반면에 우리나라의 개인소득세와 부가가치세 비중은 OECD 국가 중에서 낮은 수준이다. 예를 들어 부가가치 세율의 OECD 평균은 18.9%인데 반해 우리나라는 10% 수준이다.

095 | 조세부담률 및 국민부담률은 OECD 평균 하회

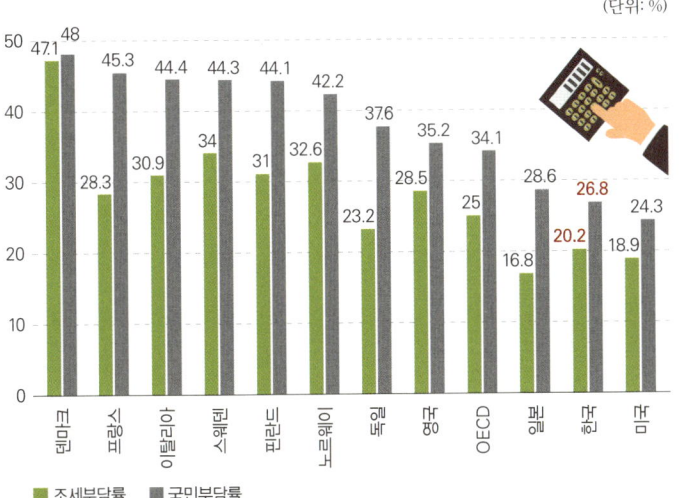

☑ 20-50 국가의 조세부담률 및 국민부담률 비교(2012)

(단위: %)

자료: OECD
※ OECD와 일본은 2011년 통계

2012년도 한국의 조세부담률은 2012년 기준 20.2%, 국민부담률은 26.8%로 OECD 평균(각각 25%, 34.1%)보다 낮은 수준이다.

20-50 국가와 비교하면, 조세 및 국민부담률이 가장 낮은 나라는 미국 (18.9%, 24.3%)이고 그 다음이 한국이다.

❖ 조세부담률 = 조세/GDP
국민부담률 = 조세부담률+사회보장률
(경상 GDP에서 조세와 사회보장기여금이 차지하는 비중)

3장 기업의 사회적 책임과 반기업 정서

096 | 우리나라 기업의 높은 사회공헌활동 지출

✅ 한국 기업의 사회공헌활동 총 지출액 규모

(단위: 100만 원)

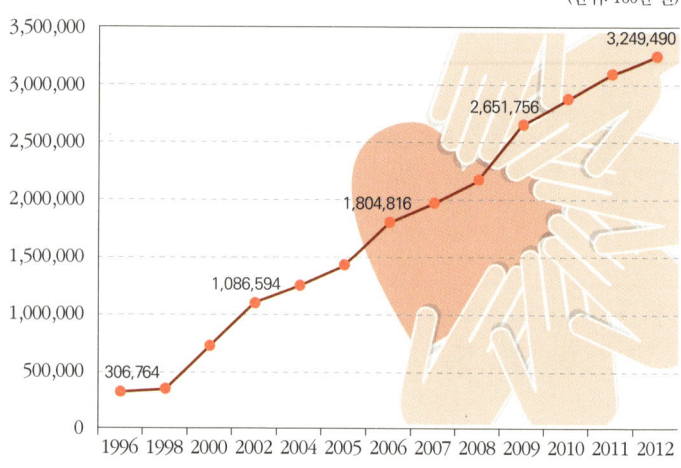

✅ 한국 기업의 사회공헌활동 평균 지출액 규모

(단위: 100만 원)

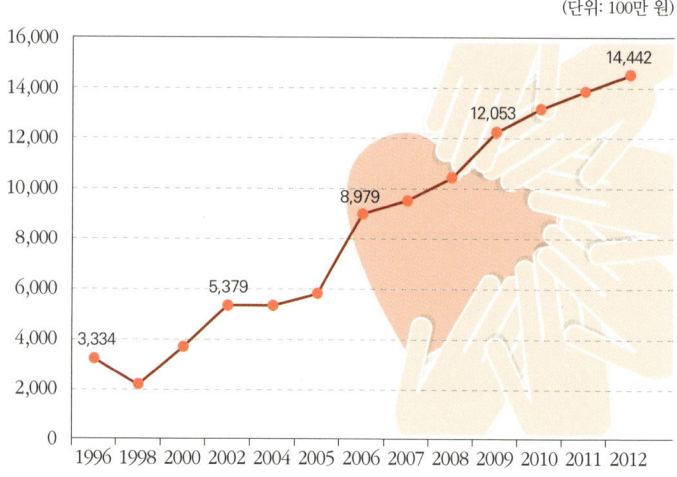

자료: 전국경제인연합회
※ 응답기업 수: 225개사

한국 기업의 사회공헌활동 지출액

	총 지출액 (100만 원)	전년 대비 증가율(%)	평균 지출액 (100만 원)	전년 대비 증가율(%)	매출액 대비 사회공헌 지출비율(%)
1996	306,764		3,334		
1998	332,710	8.5	2,263	-32.1	
2000	706,060	112.2	3,658	61.6	0.4
2002	1,086,594	53.9	5,379	47.0	0.2
2004	1,228,432	13.1	5,412	0.6	0.2
2005	1,402,510	14.2	5,747	6.2	0.2
2006	1,804,816	28.7	8,979	56.2	0.3
2007	1,955,642	8.4	9,402	4.7	0.2
2008	2,160,141	10.5	10,336	9.9	0.1
2009	2,651,756	22.8	12,053	16.6	0.2
2010	2,873,505	8.4	13,061	8.4	0.2
2011	3,088,382	7.5	13,726	5.1	0.2
2012	3,249,490	5.2	14,442	5.2	0.2

한국과 일본 간 사회공헌활동 지출액 비교

■ 총 지출액 규모   ● 매출액 대비 사회공헌활동 지출 비율

자료: 전국경제인연합회
※ 2011년 비용은 2013년에 조사한 것으로 2012년과 동일한 샘플(최근 3년 평균)

전국경제인연합회 『사회공헌백서(2013)』에 의하면, 우리나라 기업의 사회공헌활동 지출액은 2008년 세계 금융위기 속에서도 계속 증가하는 추세를 보인다.

최근 3년간 우리나라 기업의 매출액 대비 사회공헌활동 지출 비율은 평균 0.23%로 일본 기업의 0.14%보다 높으며, 사회공헌활동 지출총액도 한국이 일본보다 높다.

2012년 세전이익 대비 사회공헌 지출 비율 분포

(단위: 개, %)

세전이익 대비 사회공헌 지출 비율	10% 이상	5% 이상~ 10% 미만	1% 이상~ 5% 미만	1% 미만	적자기업
기업수 (비율)	16 (7.1%)	20 (8.9%)	75 (33.3%)	80 (35.6%)	34 (15.1%)

※ 세전이익은 별도재무제표를 기준으로 함.

연도별 세전이익 대비 사회공헌 지출 비율 분포

(단위: %)

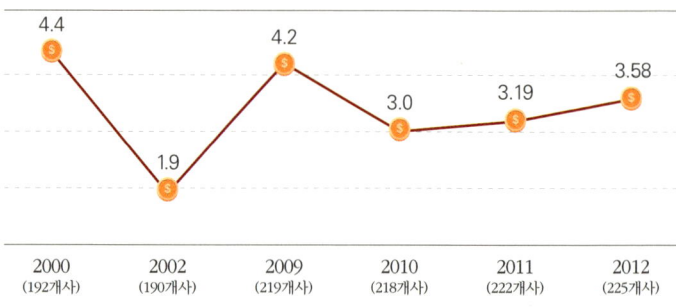

2000 (192개사)	2002 (190개사)	2009 (219개사)	2010 (218개사)	2011 (222개사)	2012 (225개사)
4.4	1.9	4.2	3.0	3.19	3.58

※ 세전이익은 별도 재무제표를 기준으로 함.
2004년부터 2008년까지는 세후이익 기준으로 조사하여, 연도별 추이에서 제외함.
(2009년부터는 국제비교를 위해 세전이익 대비 사회공헌 지출 비율을 조사하고 있음)

❈ 세전이익 대비 사회공헌 지출비율 분포를 보면, 응답한 기업 10곳 중 5곳이 세전이익의 1% 이상을 사회공헌활동에 지출하는 것으로 나타난다. 응답한 기업 225개사 중 34개는 세전이익에서 적자를 기록했음에도 불구하고 사회공헌에 참여한 것으로 나타난다.

한국 및 일본 세전이익 / 매출액 대비 사회공헌 비중(2012)

(단위: %)

구분	한국	일본
세전이익 대비 사회공헌 지출 비율	3.58 (225개 사)	1.71 (345개 사)
매출액 대비 사회공헌 지출 비율	0.22 (225개 사)	0.08 (395개 사)

※ 1) (한국) 전경련, 2012년 사회공헌실태조사 / 기부금(영리목적 스포츠, 비즈니스 관련 회비, 법적의무부담비용, 사내구성원을 위한 지출 제외) + 직접사업비용
2) (일본) 경단련, 2012년 사회공헌실적조사결과 / 기부금(정치기부금 포함) + 자율프로그램에 대한 지출 + 재해피해지 지원

❈ 우리 기업의 사회공헌 지출 수준은 일본 기업과 비교해서도 높은 것으로 나타난다. 2012년 기준 세전이익 대비 사회공헌 비중은 우리나라가 3.58%로 일본(1.71%)보다 2배에 달한다. 또한 매출액 대비 사회공헌 비중 역시 우리나라가 0.22%로 일본(0.08%)보다 2.8배 높다.

2012년 기부와 직접사업 지출 현황

(단위: 100만 원)

구분	기부	직접사업 비용	계
총 지출비용	1,763,256	1,060,363	2,823,619
비중	62.5%	37.5%	100%

※ 「2012 기부와 직접사용 비용 지출현황」과 「2012년 기업 사회공헌 총 지출액 규모」가 다른 이유는 총 37개사가 세부항목에 대해 응답하지 않았기 때문(응답 기업: 188개사)

❈ 기업 사회공헌 지출 구성은 기부 형태가 62.5%, 직접사업 형태가 37.5%인 것으로 조사된다.*
❈ 기부 형태의 비중이 높은 것은 기업이 NPO 등 외부 조직과 파트너십을 이뤄 협업하는 경우가 많다는 것을 의미한다. 이는 현장 경험이 많고 전문성이 높은 외부 NGO, 복지단체와의 협업을 통해 사회공헌 효과를 높이는 효과이다.

---

* 기부는 NPO 등 외부단체와 공동의 파트너십을 이뤄 사업을 추진하거나 재해구호금 등 외부 활동을 지원하는 것이다. 제외 항목은 영리 목적의 스포츠, 기부금으로 처리되나 법적 의무부담이 있는 비용과 비즈니스 관련 각종 회비, 기업내부 구성원을 위한 지출 등이다.
※ 직접사업: 기업이 프로그램을 직접 운영하거나 임직원의 봉사활동에 사용된 각종 경비

2
반기업 정서, 어떻게 볼 것인가

1976년 노벨경제학상을 수상한 프리드먼Milton Friedman은 기업의 사회적 책임은 '속이지 않고 이익을 많이 내는 것'이라 하였다. 경제적 책임과 법률적 책임을 강조한 셈이다. 한국 기업들은 해외시장 개척(수출)을 통해 경제성장에 앞장서왔고, 조세 기여율이 높다는 점에서 보면 그 어떤 나라의 기업보다 경제적 책임을 많이 졌다고 할 수 있다. 더 나아가 사회공헌활동에도 많은 노력을 기울이고 있으나 반기업 정서는 다른 나라보다 높은 수준이다.

반기업 정서는 정치를 통해 기업활동을 옥죄는 규제 신·증설의 압력으로 작용하고 있다. 기업의 입장에서는 사람들이 기업의 본질과 사회적 기능을 잘못 이해하고 있기 때문이라며 항변할 수도 있겠다.

그러나 이제는 기업에서도 반기업 정서의 실체와 원인에 대한 객관적 이해를 바탕으로 기업에 대한 신뢰, 기업활동에 대한 사회적 인정을 효과적으로 극대화하는 방안을 고민해야 한다.

097 | 유난히 높은 한국의 반기업 정서

☑ 우리나라 기업 전반에 대한 국민 인식의 변화
(단위: %)

	호감 vs 반감	호감 vs 반감	호감 vs 반감
	68.2 / 31.8	63.3 / 36.7	65.4 / 34.6
	2012	2013	2014

자료: 황인학·송용주(2014)

☑ 세계 주요국의 기업가에 대한 호감과 반감(2012)
(단위: %)

	한국	일본	미국	중국	EU평균
호감	34	27	60	28	53
반감	17	6	4	7	7

자료: EC

4점을 척도로 기업에 대한 호감도를 조사한 결과, 우리나라 사람들은 기업 전반에 대해 10명 중 3.5명꼴로 기업을 안 좋게 생각한다고 응답하였다(황인학·송용주, 2012, 2013, 2014). 특히 기업의 규모가 커질수록 부정적 인식이 높아지는 경향이 있다.

유럽위원회EC: European Commission(2012)에서 조사한 바에 의하면 기업가에 대한 반감 또한 우리나라가 가장 높은 수준이다. 이 조사는 기업가에 대한 호감, 중립, 반감의 세 가지 기준으로 평가하였으며, 한국인의 기업가에 대한 반감은 17%로 나타났다. 이는 EU의 평균인 7%보다 2.4배 높고, 미국(4%)과 일본(6%)은 물론, 중국(7%)에 비해서도 높다.

098 | 기업에 대한 사회적 신뢰도 역시 낮은 편

☑ 국가별 기업 신뢰도

(단위: %)

국가	신뢰도
UAE	82
인도네시아	82
인도	79
중국	77
캐나다	77
포시아	73
말레이시아	72
싱가포르	71
폴란드	70
멕시코	65
호주	59
아르헨티나	58
터키	58
미국	57
영국	56
네덜란드	54
독일	53
브라질	51
홍콩	49
이탈리아	45
러시아	45
프랑스	45
일본	43
아일랜드	43
한국	39
스페인	38

자료: 에델만(2014)

🔍 에델만Edelman의 국제비교조사에 의하면 한국의 기업 신뢰도는 세계 평균인 58%보다 많이 낮은 39%이며, 스페인 다음으로 꼴찌다. 이와는 별도로 우리나라 인구구조의 특성을 감안하여 2,000명에게 직업별 신뢰도를 조사한 결과, 기업인 신뢰도는 에델만이 조사한 기업 신뢰도와 엇비슷한 37.2%로 나타났다. 추가적으로 다른 직업에 대한 신뢰도를 보면, 공무원 44.1%, 법조인 40.6%, 종교인 36.1%, 언론인 31.7%, 정치인 11.4% 등으로 우리나라 사람들은 사회지도층을 별반 신뢰하지 않는 특징이 있다.

099 | 반기업 정서의 원인은?

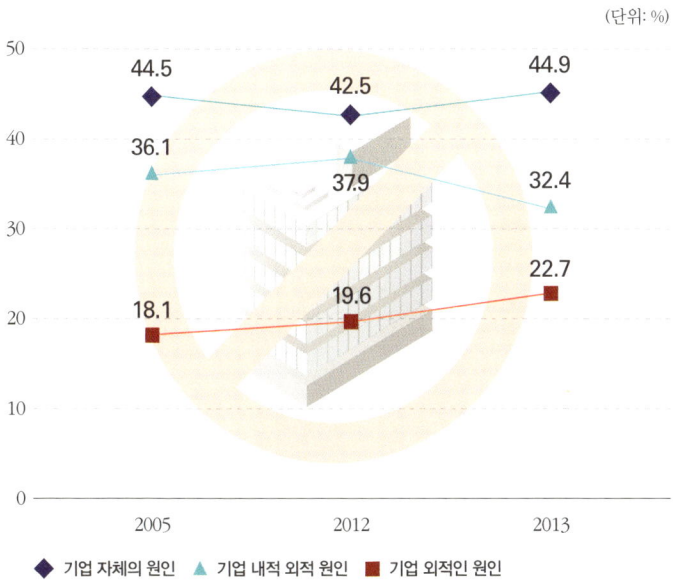

반기업 정서 원인에 대한 국민의 인식

(단위: %)

- 기업 자체의 원인: 2005년 44.5, 2012년 42.5, 2013년 44.9
- 기업 내적 외적 원인: 2005년 36.1, 2012년 37.9, 2013년 32.4
- 기업 외적인 원인: 2005년 18.1, 2012년 19.6, 2013년 22.7

자료: 황인학·송용주(2013)

반기업 정서의 원인을 기업 자체적인 요인과 기업 외적인 요인을 나눴을 때 어디에 비중이 크냐는 질문에, 기업 자체에 원인이 있다는 응답은 42.2%였다. 기업 외적인 요인이 더 크다는 응답은 19.3%, 기업 자체의 원인과 기업 외적 요인이 비슷하게 작용한다는 응답은 38.5%로 조사되었다(2012~2014년 평균). 구체적으로는 편법, 탈세의 문제를 지적하는 응답이 48.1%, 정경유착 문제 28.6%, 기업에 대한 이해부족 11.6%, 경제력집중 8.4%, 한국의 평등문화를 지적하는 응답이 3.4%였다.

3장 기업의 사회적 책임과 반기업 정서

100 | 바람직한 기업상에 대한 국민인식

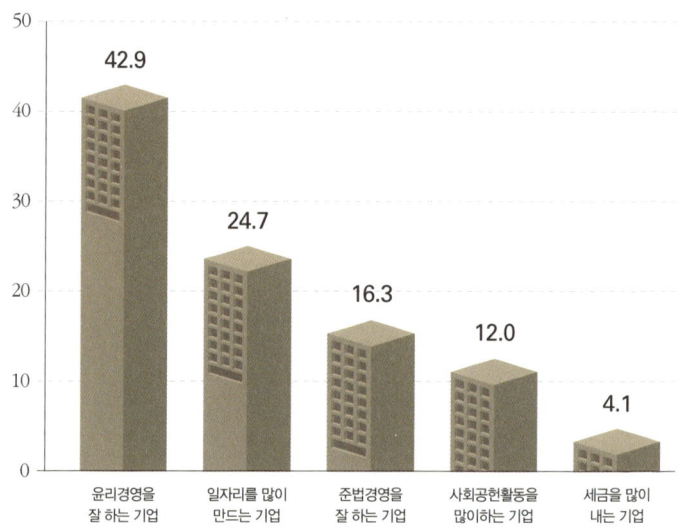

☑ 사회적으로 바람직한 기업은?

(단위: %)

- 윤리경영을 잘 하는 기업: 42.9
- 일자리를 많이 만드는 기업: 24.7
- 준법경영을 잘 하는 기업: 16.3
- 사회공헌활동을 많이하는 기업: 12.0
- 세금을 많이 내는 기업: 4.1

자료: 황인학·송용주(2014)

기업의 사회적 책임을 경제적 책임, 법률적 책임, 윤리적 책임, 사회공헌 책임으로 구분하여 어떤 기업이 사회적으로 가장 바람직한 기업인가를 설문 조사했다. 그 결과 윤리경영을 잘하는 기업(42.9%), 일자리를 많이 만들고 세금을 많이 내는 경제적 책임 기업(28.8%), 준법경영 기업(16.3%), 사회공헌 기업(12.0%)의 순서로 나타났다.

인포그래픽
한국경제
100

인포그래픽 찾아보기

1970년대 이후 한국의 경제성장률 변화 추이	25
1990년 이후 경제성장률과 지니계수 변동율 추이	122
1994~2013년 기간 중 중견·대기업으로 성장한 중소기업의 비율: 0.13%	108
1998~2007년 기간 중 대기업으로 성장한 중견기업의 비율: 4.7%	108
1인당 GDP 성장 추이	24
참고 1인당 GDP 성장의 발자취	26
참고 2008~2012년 우리나라 세계 수출시장 점유율 1위 유지 품목	41
참고 2012년 국세 구성	157
참고 2012년 기부와 직접사업 지출 현황	163
참고 2012년 세전이익 대비 사회공헌 지출 비율 분포	162
20-50 국가 간 법치주의 비교표(2012)	111
20-50 국가들의 2만~4만 달러 변화 추이	33
참고 20-50 국가들의 세계경쟁력지수 부문별 평가 점수와 세계 순위	102
참고 20-50 국가들의 제도 요소별 경쟁력 비교	99
20-50 국가들의 제도경쟁력 비교	98
20-50 국가의 글로벌 기업 수와 국민소득의 관계	145
20-50 국가의 조세부담률 및 국민부담률 비교(2012)	159
30대 기업집단 매출집중도	140
30대 기업집단 자산집중도	142
30대 기업집단 종업원 비중 추이	155
30대 기업집단 종업원 수 추이	155
30대 기업집단의 연도별 계열사 변화 추이	139
GDP 대비 경제 주체별 총고정자본형성 비중(2010)	128
GDP 대비 서비스업 부가가치 국제 비교(2012)	82

ㄱ

경제성장률 및 취업자 수 증가 추이	28
경제성장률과 수출의 성장기여율	79
국가별 기업 신뢰도	166
국가별 기업의 현금성 자산 비중(2010)	129
국가별 삶에 대한 개인의 만족도(2013)	88
국가별 서비스업 종사자 비중(2012)	30
국가별 정부에 대한 신뢰도(2012)	113
국내 총투자율과 설비투자율의 변동 추이	125
국회 회기별 법안 발의 건수와 가결법안 발의 주체 비중의 변화	104
규제개혁위원회 등록규제 수 증가 추이	103
기간별 고용탄력성	120

기업가정신지수 국제 비교(2012)	95
기업가정신지수와 1인당 GDP의 상관관계(2013)	93
참고 기업경영분석 통계 중 영업이익률 관련 기간별 평균 격차	149
기업규모별 종사자 비중	109
기업의 해외직접투자(ODI) 및 외국인직접투자(FDI) 추이	83

ㄴ

내수 비중과 수출 비중의 역전	77
노동수요 탄력성 추정 결과	121

ㄷ

사회적으로 바람직한 기업은?	168
대기업과 중소기업의 R&D 집중도 비교(제조업부문)	135
대한민국 GDP 성장 추이	23

ㅁ

무역의존도 국제 비교(2012)	78

ㅂ

반기업 정서 원인에 대한 국민의 인식	167
법치주의 수준 국제 비교(2013)	112
부문별 세계경쟁력지수(GCI) 순위: 우리나라와 혁신주도국	101
부패인식지수(2013)	114
북한이탈주민 및 남한 국민의 키(2010)	51

ㅅ

사내유보금의 투자 비중	129
사업체 규모별 비정규직 분포	150
산업별 취업자 분포(2012)	29
산업별 취업자 분포 변화	29
서비스업과 제조업의 1인당 노동생산성 변화	80
설비투자 증가율과 경제성장률의 관계	124
세계 500대 기업의 국가별 분포 변화	42
세계 500대 기업의 국가별 상대 규모(2012)	144
세계 무역 규모 순위(2012)	37
세계 수출시장 점유율 1, 2위 품목 수	40
세계 수출시장 점유율 1위 품목 수	39

세계 주요국 100명당 유선 광대역 인터넷 가입자 수	58
참고 세계 주요국 10대 기업의 매출총액이 GDP에서 차지하는 비중	141
참고 세계 주요국 10대 기업의 자산총액이 GDP에서 차지하는 비중	143
세계 주요국 GDP 대비 중소기업 정책금융의 비중	152
세계 주요국 서비스업 노동생산성 비교	81
세계 주요국 스마트폰 보급률	57
세계 주요국 연구수행 주체별 R&D 투자 비중	132
참고 세계 주요국 최대기업의 매출총액이 GDP에서 차지하는 비중	141
참고 세계 주요국 최대기업의 자산총액이 GDP에서 차지하는 비중	143
세계 주요국의 1인당 주거부문 에너지 및 전기 소비량(2012)	53
세계 주요국의 20-50 국가 진입 연도와 현재의 모습	32
세계 주요국의 25-34세 인구 중 대학졸업자 비율(2011)	65
세계 주요국의 GDP 대비 R&D 투자 비중(2011)	131
세계 주요국의 GDP 대비 의료비 지출 비중(2012)	63
참고 세계 주요국의 GDP 성장률	34
세계 주요국의 고령인구 비중 추이 전망	74
세계 주요국의 규모별 사업체 및 종사자 수 비율	106
세계 주요국의 기대수명 변화	46
세계 주요국의 기업가에 대한 호감과 반감(2012)	165
세계 주요국의 사회갈등 수준(2010)	89
세계 주요국의 인구 1,000명당 진료하는 의사 수(2012)	61
세계 주요국의 출생아 1,000명당 영아사망자 수(2011)	48
세계 주요국의 합계출산율 변화	73
소득 하위 10%와 소득 상위 10% 간의 소득격차	86

연도별 고용탄력성 및 장기 추세	119
참고 연도별 국세 구성의 변화	157
참고 연도별 세전이익 대비 사회공헌 지출 비율 분포	162
연평균 경제성장률 변화 비교	69
열 지도로 표시한 세계의 기업가정신지수(2012)	94
우리나라 17세 청소년의 키 변화	50
우리나라 기업 전반에 대한 국민 인식의 변화	165
우리나라 수출액의 변화	36
우리나라 인구 100명당 자동차 수	56
우리나라 출생아 1,000명당 영아사망자 수 변화	47
우리나라의 25-34세 인구 중 대학졸업자 비율	64

우리나라의 GDP 대비 의료비 지출 변화	62
우리나라의 인구 1,000명당 의사 수	60
인구 1만 명당 대기업 수	107
인구 1만 명당 소기업 수	107

ㅈ

전산업 기준 기업규모별 매출액 영업이익률의 변화 추이	147
제조업 기준 기업규모별 영업이익률의 변화 추이	148
제조업 수출 7대 품목 변화	38
제조업과 서비스업의 R&D 투자 비중 국제 비교	134
제조업과 서비스업의 R&D 집중도 비교	133
지니계수로 측정한 소득분배의 불균등도	85

ㅊ

총 조세 대비 법인세 비중	158
총고정자본형성/GDP 비중의 OECD 국가 비교(2010)	126
총고정자본형성에서 기업, 정부, 가계의 비중	127

ㅎ

한국 기업의 사회공헌활동 지출액	161
한국 기업의 사회공헌활동 총 지출액 규모	160
한국 기업의 사회공헌활동 평균 지출액 규모	160
참고 한국 및 일본 세전이익 / 매출액 대비 사회공헌 비중(2012)	163
한국과 OECD 주요국의 잠재성장률 장기 전망	70
한국의 가정·상업 부문 에너지 소비량 변화	54
한국의 국세 대비 법인세 비중	156
한국의 생산가능인구 변화 추이	75
한국과 일본 간 사회공헌활동 지출액 비교	161
한국의 제도 관련 세계경쟁력지표 평가 순위	97
한국의 주택보급률 변화	55
한국의 지니계수	87
한국의 합계출산율과 인구증가율 변화	72
한국인의 기대수명 증가	45
현대기아차 1차 협력사의 실적 및 경영 여건 변화	151

참고문헌

국가과학기술위원회, 2011년도 연구개발활동조사, 2011.
김주훈, 혁신주도형 경제로의 전환에 있어서 중소기업의 역할, KDI, 2005.
미래창조과학부, 2014년도 정부 연구개발 투자방향 및 기준(안) 공청회 자료, 2013.
박준, 한국 사회 갈등 현 주소, 전경련 주최 제2차 국민대통합 심포지엄 발표자료, 2013.8.21
변양규·김창배, 저소득 장기화에 따른 소득분배 악화, KERI Brief, 2013.
보건복지부, 2011년 국민의료비 및 국민보건계정, 2013.
산업통상자원부, 2011년 노동생산성 국제비교 분석결과 발표, 2013.
손상호·김동환, 중소기업금융의 발전과제, 한국금융연구원, 2013.
오동윤, 동반성장보다는 건강한 한국경제가 최우선 과제, KERI 칼럼, 2012.
오세환, 세계 수출시장 점유율 1위 품목으로 본 우리 수출 경쟁력, 한국무역협회, 2014.
오영경, 우리나라 기업생태계의 7가지 진실, 2010.8.
이상림·허문구·정윤선·박형진, 인구경쟁력의 국제비교와 정책과제, KIET, 2014.5.
전국경제인연합회, 대기업은 현금을 쌓아두고 있나, 2014.7.
조경엽·오태연, 경제성장과 법인세의 고용효과, KERI Insight, 2012.
조영삼, 중견기업 육성 논의의 현황과 과제, KIET, 2010.
조준모, 국내 자동차기업의 재무성과 동조화 분석, 2013.
질병관리본부, 2008년 국민건강영양조사.
질병관리본부, 2009년 북한이탈주민 건강관리사업결과.
통계청, 통계로 본 대한민국 60년의 경제·사회상 변화, 2008.
통계청, 1993~2055 북한 인구추계, 2010.
통계청, 장래인구추계 2010-2060, 2011.
통계청, 가계동향조사
통계청, 가정별 생산가능인구, 고령인구, 학령인구, 청소년인구(전국)
통계청, 가정별 성비, 인구성장률, 인구구조, 부양비, 노령화지수, 중위연령, 평균연령(전국)
통계청, 경제활동 인구조사 근로형태별 부가조사, 매년 8월 원시자료
통계청, 경제활동인구조사
통계청, 교육통계연보, 통계로 본 8.15 광복 이후 경제·사회 변화상
통계청, 생산성 리뷰
통계청, EU위원회(Database Annual Report)
한국무역협회, 세계속의 대한민국(각연호)
한국에너지기술연구원, 에너지경제연구원 에너지통계연보(각연호)
한국은행, 기업경영분석(각연호)
한국통계진흥원, 2009 통계로 보는 대한민국, 2009.
황인학, 경제 재도약을 위한 제도 혁신의 방향과 과제, 기소연 발표논문, 2014.5.
황인학, 기업규모 분포로 본 한국 기업생태계의 취약점, 전국경제인연합회 기자간담회 발표자료, 2008.6.23.
황인학·송용주, 우리나라 국민의 기업 및 경제 현안 인식 조사, 한국경제연구원, 2013.
황인학·최원락, 경제력집중 규제론, 무엇이 문제인가, 규제연구, 2013.
황인학·최원락·김미애, 2013년도 30대 기업집단 통계분석, 한국경제연구원, 2013.
황인학·허원재·윤상호 외, 창조경제를 위한 한국경제의 과제, 한국경제연구원, 2013.
Edelman, Edelman Trust Barometer, 2014.
EC, Entrepreneurship in the EU and beyond, 2012.

Fortune, Global 500
Google, Our Mobile Planet, 2014.
Global Entrepreneurship Research Association. Global Entrepreneurship Monitor : 2012 Global Report. London, UK : Global Entrepreneurship Research Association, 2012.
IEA, Electricity Information, 2012.
KISTEP, 우리나라의 민간기업 연구개발활동 현황, KISTEP 통계브리프, 2013.
KISTEP, 과학기술연구개발활동조사 보고서(각연호)
LG경제연구원, 주요국 상장사 자산대비 비중, 2010.
North, Douglas, "Economic Performance through Time", American Economic Review, 1994.
OECD, Financing SMEs and Entrepreneurs 2012, 2012.
OECD, Main Science and Technology Indicators, OECD Publishing, 2012.
OECD, Education at a Glance 2013: OECD Indicators, OECD Publishing, 2013.
OECD, Government at a Glance 2013, OECD Publishing, 2013.
OECD, National Accounts at a Glance 2013, OECD Publishing, 2013.
OECD, OECD Economic Outlook, Vol. 2013/1, OECD Publishing, 2013.
OECD, "Infant mortality", Health: Key Tables from OECD, No. 14., 2014.
OECD, "Labour Force Statistics: Summary tables", OECD Employment and Labour Market Statistics (database), 2014.
OECD, "Life expectancy at birth, total population", Health: Key Tables from OECD, No. 11., 2014.
OECD, "Practising physicians (doctors)", Health: Key Tables from OECD, No. 29., 2014.
OECD, "Revenue Statistics: Comparative Tables", OECD Tax Statistics (database), 2014
OECD, "Total expenditure on health", Health: Key Tables from OECD, No. 1., 2014.
OECD, Better Life Index
Transparency International, Corruption Perception Index
UN, World Population Prospects, the 2010 Revision, 2011.
WEF, Global Competitive Report 2011-2012
WEF, The Global Competitive Index 2013-2014: Sustainable Growth, Building Resilience

참고 사이트

국가통계포털(http://kosis.kr)
국회의안정보시스템(http://likms.assembly.go.kr/bill/jsp/main.jsp)
규제정보포털(https://www.better.go.kr)
대규모 기업집단 공개 시스템(http://groupopni.ftc.go.kr)
한국은행(https://ecos.bok.or.kr)
IMF(http://www.imf.org/external/data.htm)
OECD(http://www.oecd.org/statistics)
UNCTAD(http://unctad.org)
UNations Comtrade(http://comtrade.un.org)
World Bank(http://data.worldbank.org)
WTO(http://stat.wto.org)